Silvio Alves da Silva Neto
Der Eremit

Silvio Alves da Silva Neto

Der Eremit

Gespräche am Rande des Meeres

Patmos

Die Originalausgabe erschien unter dem Titel:
O eremita. Recife 1989.

Aus dem brasilianischen Portugiesisch von
Dr. Wolfgang Hippke

Die Deutsche Bibliothek verzeichnet diese
Publikation in der Deutschen Nationalbibliografie;
detaillierte bibliografische Daten sind im Internet unter
http://dnb.ddb.de abrufbar.

Neuausgabe, 1. Auflage 2004

Umschlagbild: Robert Essel NYC/CORBIS
Umschlaggestaltung: Gudrun Pawelke, Hamburg
Druck und Einband: Clausen & Bosse, Leck
ISBN 3-491-45019-5

Meinen Eltern, Silvino und Dalva

Inhalt

Vorwort

Silvino Alves da Silva Neto wurde im Juni 1953 im Nordosten Brasiliens geboren. Er verbrachte seine Jugend im Fischerdorf Porto de Galinhas, in dessen Bucht früher Sklaven aus Afrika an Land gebracht wurden; prägend wirkten die Ruhe der weiten Strände, das Meer und die Romane von José Alencar (*Iraçema*, *Guarany*, *Tronco do Ipê* u.a.), die von den Indios Brasiliens und Paraguays erzählen. Während der Gymnasialzeit in Recife entdeckte Silvino die Poesie. In *Meu Lar* (Meine Welt) beklagt der junge Casimiro de Abril seine lange Krankheit und den bevorstehenden frühen Tod. Da Silva Neto war berührt und fasziniert, ehrgeizig verfasste er ein eigenes Gedicht im gleichen seltenen Versmaß (10+6+10+6 Silben) über das Leben der Küstenleute seiner Kindheit: *Uma triste canção* (Trauriger Gesang), es blieb unveröffentlicht. In den Jahren 1973–92 schrieb er an einem weiteren Gedicht *Olhos tristes, sonhos sombras* (Traurige Augen, dunkle Träume), immer wieder unterbrochen von Abitur und Studium.

Da Silva Neto arbeitet heute als Psychiater im Krankenhaus José Alberto Maia in Camarajibe bei Recife und lebt dort mit seiner Frau, den drei adoptierten Kindern und vier zugelaufenen Katzen.

Getauft und »katholisch aufgewachsen als Sohn katholischer Eltern« stellte da Silva Neto sich schon früh die Frage, welches die wahre Religion sei, die richtige für ihn. In der katholischen Lehre fand er keine Antworten auf seine Fragen nach dem Leben, dem Tod und dem Leben nach dem Tode. Auch missfiel ihm die Intoleranz gegenüber anderen Glaubensrichtungen und dem (in Brasilien weit verbreiteten) Spiritismus. So wandte er sich in seiner Jugend zeitweilig ganz von der Religion ab und wurde atheistisch. Da Silva Neto las viel über Spiritismus, wurde aber nie ein Anhänger des Spiritismus, auch wenn Unbekanntes und Unsichtbares im Spiritismus besser erklärt werden als bei den Kirchen, die hier vage bleiben und mit Angst agieren. Und eben durch den Spiritismus, der das Leben nach dem Tode rationaler sieht, kehrte da Silva Neto wieder zum Glauben an Gott und an die Vorbestimmung zurück. Durch Zufall kam er mit den Rosenkreuzern in Kontakt und beschäftigte sich mit der *percepção extrasensorial*, mit der Wahrnehmung jenseits unserer fünf Sinne. 1981 trat da Silva Neto dem *Ordem da Rosacruz* bei und beteiligt sich bis heute aktiv.

Obwohl keine Religion im eigentlichen Sinne, wurden die Rosenkreuzer durch ihre Geistigkeit für Silvino Alves da Silva Neto eine andere Form der Religion. Mystizismus, Philosophie, Kunst und Teile der Wissenschaft werden nicht getrennt betrachtet, vielmehr bilden sie eine Einheit mit dem Ziel, das Individuum zu entwickeln. Die brachliegenden Potenzen eines jeden sollen mobilisiert und genutzt werden, damit ein reicheres Leben möglich wird. Auch die Absolutheit von Begriffen wie gut und schlecht wird aufgegeben: Es gibt keine guten oder schlechten Menschen; sie besitzen lediglich solche Charakterzüge, die man allgemein für gut hält, und andere, die man als schlecht verurteilt. Aber aus einem anderen Blickwinkel oder zu einer anderen Zeit betrachtet, erfahren dieselben Eigenschaften eine andere, vielleicht konträre Wertung.

Da Silva Neto nahm an den Sitzungen der Rosenkreuzer teil, und er erlangte mit der Zeit eine ganz andere Sicht der Welt, neu und facettenreicher: »Die Rosenkreuzer lehrten mich, die Dinge genau zu betrachten und die ›Realitäten‹ zu analysieren. Ich sah, dass die Dinge nicht nur einfach zufällig geschehen. Und an dieser Erfahrung wollte ich andere teilhaben lassen und schrieb den *Eremiten.*«

Der Eremit ist fiktiv. Silvino Alves da Silva Neto erfand die Figur eines orientalischen Einsiedlers mit langem Gewand und Hirtenstock. Beim Schreiben überführte er ihn in die brasilianische Form des Alten mit derbem Baumwollhemd und Strohhut, der in der Tradition chinesischer Weiser aus alter Zeit seinen Beruf aufgibt und zurückgezogen in äußerer Einsamkeit am Strand und in einer einfachen Strohhütte lebt. Er fischt mit seiner Jangada, dem traditionellen Segelfloß aus dem Nordosten Brasiliens, lebt sein einfaches und zufriedenes Leben, und »was gibt es Schöneres, als nach dem Essen im Schatten einer Palme zu sitzen und auf das Meer zu sehen?«

Aus dem Zusammentreffen des erzählenden jungen Ich mit dem Alten spinnt sich eine große Weltschau und eine tiefe Freundschaft mit eigenem Rhythmus. Hauptidee ist das Meiden von Extremen, der Mittelweg. Was einfach, ja banal klingt, die Balance zwischen den Antipoden, ist die Weisheit, auf sein Unbewusstes zu lauschen und zu vertrauen (»alle Antworten sind in dir«), sich leiten zu lassen, ohne trennend-teilend zu reflektieren. Denn dies würde die Ganzheit der Erfahrung zerstören – so wie dem Jongleur, der über sein Tun nachdenkt, die Kugeln zu Boden fallen.

Der Eremit ist das Ideal, das »self« im Jungschen Sinne, das Über-Ich, die Regeln, die Perfektion; ihre Darstellung ist häufig ein weiser Alter. Der Junge lernt vom Eremiten, und am Ende ist der Alte verschwunden. Der Junge wird allein fortfahren mit der Bildung seines Selbst; er wird die *sombra* kennen lernen, den Schatten, all das, was wir für schlecht halten, was wir an uns zurückweisen, das Zentrum unserer Instinkte, und doch ein wichtiger Teil unserer Persönlichkeit, nötig als anderer Part unseres Ichs. Er muss sich mit dem Schatten bekannt machen, und er muss ihn in sein Selbst integrieren, um zum Individuum zu werden.

Silvino Alves da Silva Neto sagt: »Wir können nicht alles, was uns an uns nicht gefällt, alles Schlechte oder was wir für schlecht halten, in unser Unterbewusstsein verbannen – so wie wir es mit alten Sachen unseres Hauses machen, die wir auf den Dachboden schaffen und die Tür verschließen. Nein, wir müssen all dieses Gerümpel, diesen Schrott, der zu nichts taugt, in einer akzeptierbaren Form in unsere Persönlichkeit integrieren. Es gab eine Zeit, das Viktorianische Zeitalter, da hielt man Sexualität für etwas Schlechtes, für verdammenswert, und was war das Ergebnis? Neurose – man dachte an nichts anderes. Zur Vollständigkeit der Person kann man nur gelangen, indem man auch den Schatten integriert.«

Der Erzähler, der vom Eremiten berichtet, wird später Menschen mit schlechtem Ruf kennen lernen, von der Gesellschaft gering Geachtete: Randgruppen, Spieler, Herumtreiber, Prostituierte, Diebe, Bettler, Vagabunden. Der »Andarilho«, der Wanderer, wird das neue Buch heißen, das diese Erfahrungen und Begegnungen beschreibt.

Wolfgang Hippke

Vorüberlegung

Dies ist mein erstes Buch. Es entstand aus dem Wunsch, andere an den Gedanken meiner Meditationen teilhaben zu lassen.

Es widerfährt wohl allen Menschen mehr oder weniger häufig, dass sie sich von der Außenwelt der Dinge lösen und zu ihrem Ich zurückkehren, und sie, eingestimmt auf sich selbst, ihre eigene Subjektivität erleben. Durch solche Erfahrungen lassen sich Alltagsprobleme lösen, ähnlich wie durch Selbsterkenntnis oder durch Nachdenken über das Leben.

Mancher meint, Erfahrungen zu erlangen, indem er sich in einem Entspannungszustand an lang vergangene und schon vergessene Ereignisse zu erinnern versucht. Andere glauben, das Unterbewusstsein sei im Besitz aller Kenntnis und hätten wir Zugang dazu, könnten wir viele Fragen lösen. Wieder andere halten dieses Wissen für den Beweis früherer Leben, der Reinkarnation. Und einige weitere vertrauen auf die Führung körperloser Seelen, die ihnen als Gurus dienen.

Ich will hier nicht diskutieren, wer Recht hat und wer Unrecht. Vielleicht weiß es niemand oder vielleicht jeder. In diesem Buch möchte ich dem Leser viele meiner Überlegungen vermitteln und auch die Antworten, die ich fand. Um die Lektüre so angenehm wie möglich zu gestalten, wählte ich als Form das Gespräch zweier Personen, den Dialog: An einem einsamen Strand begegnen sich zwei Menschen; es ist der Beginn einer tiefen Freundschaft, die Ereignisse und Gespräche entwickeln sich in poetischer Sprache.

Dieses Buch erhebt nicht den Anspruch, Antwort auf alle Fragen zu geben, noch stellt es ein Lebens-Lehrbuch dar. Aber wenn es den einen zum Nachdenken über das Dasein bringt, für einen anderen wenigstens ein bisschen von Nutzen ist oder wenn es einfach nur erfreut, dann hat es sein Ziel erreicht.

Silvio Alves da Silva Neto

Das Treffen

Von allen Geheimnissen, die uns während des Lebens begegnen, ist unser eigenes Leben nicht das geheimnisvollste? Und welches von allen belebten Wesen erreicht die Größe des Menschen?

Im Verlauf meines Lebens widerfuhr mir manches, ich erlebte frohe und traurige Momente, bittere, enttäuschende und glückliche. An Eindruck und Bedeutsamkeit aber lässt sich keiner mit einer Zeit im vergangenen Sommer vergleichen, die sich tief in meine Erinnerung eingegraben hat.

Was war es? Eine Weltreise? Eine neue Liebe? Oder ein großer Gewinn?

Nein, nichts dergleichen; nichts, was materielle Bedürfnisse stillt oder ich-bezogene Wünsche. Es war etwas ganz Einfaches, das groß und erhaben wurde; kein banaler, physischer Reiz, sondern Nahrung für die Seele.

Welch größeres Glück kann uns widerfahren, als einen Menschen kennen zu lernen, der uns teilhaben lässt an seiner Sicht, seinen Gefühlen und seiner Weisheit?

So will ich jetzt in der Ruhe dieses Nachmittags und im Schatten einer Palme meine Gedanken zu dem Tag zurückkehren lassen, an dem ich diese schlanke und nachdenkliche Gestalt kennen lernte.

Es war zu Beginn des Sommers. Ich war an jenem Tag angekommen und hatte das Sommerhäuschen aufgeräumt. Dann machte ich mich auf zu einem Spaziergang am Strand. Der Nachmittag war schön, und der blaue Himmel war getupft mit kleinen weißen Wolken. Wellen ergossen sich grün schimmernd über den Strand, und der Schaum umspielte meine Füße im warmen Sand.

Mit seltener Gewissheit fühlte ich, dass dieser Sommer nicht wie sonst sein würde. Seit einiger Zeit lebte ich als Schriftsteller und war nun auf der Suche nach Inspiration. Und in diesem Moment war ich mir sicher, sie zu finden.

So schlenderte ich am Strand, vergaß die Zeit und das Leben, bis ich merkte, dass ich mich schon weit vom Dorf entfernt hatte. Ich wollte gerade umkehren, als ich eine Gestalt bemerkte, einen alten Mann, der an den Stamm einer Palme lehnte und versunken auf das Meer blickte. Unschlüssig blieb ich vorerst stehen, näherte mich ihm dann und begrüßte ihn:

»Guten Tag, mein Alter.«

Er antwortete nicht, sondern wandte mir sein Gesicht zu und musterte mich einige Augenblicke. Dann fragte er mich genau das, was ich auch wissen wollte:

»Wer bist du? Von wo kommst du?«

Sein Gesicht war voll tiefer Falten, die die Zeit hinterlassen hatte, und trotzdem strahlte es Kraft und Gesundheit aus. Die Haare waren glatt und sehr weiß; ebenso der enorme Bart, der das Gesicht halb verdeckte. Seine dunkelbraunen Augen leuchteten. Die Haut war stark von der Sonne verbrannt, er trug ein einfaches Hemd und eine abgetragene Hose aus derbem, braunem Segeltuch und an den Füßen grobe Ledersandalen. Ein alter, ehemals weißer Filzhut ruhte auf seinem rechten Knie.

»Ich bin ein Schriftsteller«, sagte ich, »und verbringe den Sommer dort hinten im Dorf. Ich heiße ...«

Er unterbrach mich mit einer Geste und sagte:

»Warte. Was wolltest du mir sagen? Deinen Namen? Welchen Wert hat es, ihn zu wissen? Du kannst einen anderen nur im Zusammenleben kennen lernen, darum genügt mir vorerst, was du gesagt hast.«

Verblüfft sah ich auf den Greis und suchte irgendwie aus meiner Verlegenheit herauszufinden.

»Und Du, wer bist Du?«, forschte ich.

»Ich bin, der ich bin. Aber um deinen Wissensdurst zu stillen, sagen wir, ich bin ein Eremit.«

»Ein Eremit?«, erstaunte er mich erneut. Ich hatte schon öfter von Menschen gehört, die isoliert von den anderen und von der Welt lebten, nur im Einvernehmen mit der Natur; aber ich hatte sie immer für romantische Fantasien oder für mythische Figuren gehalten. Und nun sollte die Vorsehung es mir ermöglichen, eines dieser Wesen kennen zu lernen?

Erneut wandte ich mich an ihn: »Du bist also einer von jenen, die die Anwesenheit anderer fliehen?«

»Vielleicht erscheint es dir so, aber in Wirklichkeit versuche ich, die Abwesenheit der Menschen zu vermeiden.«

Seine Antworten waren sehr befremdend, und meine Verwunderung wuchs. Es waren Worte voller Kraft und gelebter Weisheit, und obwohl sie mir, vielleicht aus Kontrast zu meiner Unwissenheit, wie Pedanterie erschienen, so waren sie doch von einer eigenartigen Faszination.

»Kann ich mich setzen, und wir unterhalten uns ein wenig?«, fragte ich.

»Wenn du es möchtest, so setze dich.«

»Ich hoffe, meine Gegenwart stört Dich nicht?«

»Wie ich schon sagte, stört mich das Nicht-Sein, das Nicht-Gegenwärtigsein. Wenn du wirklich hier bist, machst du mir eine große Freude, denn so erlaubst du mir, ebenfalls ich selbst zu sein.«

Je länger er sprach, desto mehr erstaunten mich seine Worte.

»Willst Du damit sagen, dass die meisten Menschen gewöhnlich nicht sie selbst sind?«, fragte ich weiter.

»Ich sage dir noch mehr: Die meisten von ihnen wissen nicht, wer sie sind. Sie besitzen verschiedene Arten von Masken, die sie je nach Umständen und Schicklichkeit benutzen. In dem großen Lebenstheater müssen alle Personen diese Masken benutzen, sonst dürfen sie nicht mitspielen. Bei den meisten jedoch ist das wahre Gesicht das schönere, und gerade dieses muss verborgen bleiben.«

Von der Einsamkeit

Die Sonne senkte sich schon zum Horizont und filterte ihr Licht durch die Blätter der Kokospalme; unser Dialog dehnte sich mit dem vergehenden Tag.

»Mein Alter, was brachte Dich dazu, allein zu leben, fern von den anderen?«, fragte ich weiter.

»Dir erscheint es sicher eigenartig, wenn ein Mensch beschließt, als Einsiedler zu leben. Aber hast du dich auch gefragt, warum du das Zusammenleben mit den anderen brauchst? Vielleicht weil du von der Liebe anderer Menschen abhängst. Vielleicht aber auch aus Angst vor Einsamkeit. Stammt nicht deine Liebe für andere aus deiner Selbst-Liebe, deiner Selbst-Achtung? Könntest du irgend jemanden lieben, wenn du dich selbst nicht magst? Und wie kannst du hoffen, von einem anderen Menschen geliebt zu werden, wenn es dir nicht gelingt, dich selbst zu lieben? Ist die Angst vor der Einsamkeit nicht nur die Furcht, allein zu sein mit sich selbst? War es nicht häufig so, dass du dich gerade dann unendlich allein fühltest, wenn du mit vielen zusammen warst?

Ich habe nicht mein ganzes Leben so gelebt wie jetzt. Ich war auch Kind und hatte meinen Teil Spaß. Als junger Mensch genoss ich große Freundschaften und berauschende Leidenschaften, nahm alles, was das Leben bot.

Aber mit der Zeit verliefen sich all diese Dinge, und es blieb nur ihr Abbild im Spiegel meiner Erinnerung. Ich merkte immer mehr, wie mich ein Gefühl der Verlassenheit umgab.

Was also sollte ich tun? Alles noch einmal versuchen? Nein, das machte keinen Sinn mehr. Der Weg durch die Jahre bewirkt in unserer Seele nicht weniger Änderungen als in unserem Körper. Und welche Wiederholung kommt dem ersten Mal an Intensität gleich?

So beschloss ich zu vergessen, was ich einmal war, und mich darauf zu besinnen, was ich bin. Allein würde ich in mich schauen ohne Angst, was geschehen könnte. Schließlich war niemand da, der mich verurteilen oder unter Druck setzen, mich kritisieren oder verdammen würde. Es gab nur mich und mein Bewusstsein. Ein tiefer Frieden erfasste mich, und in diesem Moment begriff ich, dass es das Glücksempfinden der Einsamkeit war, das ich entdeckt hatte. Es war das Gegenteil meines bisherigen Lebens, eines Lebens nach außen und nur für die anderen. Von dem Tag an lebte ich als Eremit.

Also, mein junger Freund, suche, dich zu verstehen und dich zu lieben, damit du niemals die Einsamkeit zu fürchten brauchst.«

Damals wünschte ich, unser Gespräch würde sich ohne Ende fortsetzen, aber es dämmerte bereits, und die tropische Nacht würde mich auf dem Heimweg einholen. So verabschiedete ich mich:

»Es war gut, Dich kennen zu lernen. Es ist schon spät,

und ich muss gehen. Aber ich würde mich gerne weiter unterhalten; kann ich morgen wiederkommen?«

»Du nennst zwei große Tugenden dein Eigen: einen unruhigen, forschenden Geist und die Geduld eines guten Zuhörers. Du erscheinst mir ehrlich in deinem Wunsch, mich wiederzusehen. Also komme morgen und wann immer du willst.«

»Bis morgen dann, mein Alter.«

»Gute Nacht, mein junger Freund.«

Vom Glück

Die ganze Nacht über beschäftigte mich das Bild des Alten, und seine Worte klangen in meinen Ohren nach, sogar im Traum erschien er mir.

Am nächsten Tag erwachte ich voller Unruhe. Ich begann zu zweifeln: Jener seltsame Alte, gab es ihn wirklich, oder war alles nur ein Produkt meiner Einbildung? Ich schob diese Gedanken beiseite und verbrachte nach dem Frühstück einen sonnigen Vormittag am Strand und im angenehm warmen Meer. Die Sonne stand schon hoch, als ich ins Haus zurückkehrte, duschte und zu Mittag aß.

Nach der Stunde der Siesta schlug ich den gleichen Weg ein wie am Vortag. Je weiter ich ging, desto eiliger stapfte ich durch den weißen Sand. Nur ein Gedanke beherrschte mich: Ob der Alte wieder da ist?

Als ich näher kam und die Gestalt des Eremiten erkannte, überkam mich die gleiche seltsame Unruhe wie am Vortag. Ich ging hin und begrüßte ihn:

»Guten Tag.«

»Guten Tag, mein junger Freund«, lächelte er. »Nun, du bist also wirklich gekommen, wie du es gesagt hast.«

»Ja, ich musste einfach kommen«, sagte ich und setzte mich.

»Warum das?«

»Ich kann es nicht recht erklären, aber etwas in mir sagte mir, dass sich der Weg zu Dir lohnen würde.«

»Vielleicht kommt es dir eigenartig vor, aber in all der Zeit, die ich hier lebe, bist du der erste Mensch, der sich mir wirklich nähert.«

Wir schwiegen eine Weile.

»Mein Alter, ich habe eine Frage: Bist Du glücklich?«

Als wenn er den Hintergedanken meiner Frage erraten hätte, antwortete er prompt:

»Sicher denkst du, weil ich allein lebe, muss ich unglücklich sein, da ich nichts mit niemandem teile. In Wirklichkeit meide ich Menschen, die mit niemandem teilen; und in diesem Sinn bin ich glücklich. Ich lebe allein, aber aus freiem Entschluss und nicht durch fremden Zwang. Meine Einsamkeit ist die Frucht meiner Freiheit und nicht die versklavende Wurzel meines Egoismus.«

»Und was verstehst Du unter Egoismus, und warum macht er die Menschen unglücklich?«

»Egoismus ist die Angst, an etwas Mangel zu leiden. Er ist Widerschein und Rückwirkung der Illusion des Besitzens. Der Egoist meint, alles müsse ihm gehören; er weiß aber, dass dies Illusion ist, und so ist die Frustration eine ständige Begleiterin, die ihm sein Leben bitter erscheinen lässt. Er wird einsam, da er nichts mit anderen teilen will, und er vergisst, dass Überfluss kein Garant für Glück ist.«

»Kein Garant für Glück? Warum?«

»Wenn du bereits ein Brot besitzt, das ausreicht, deinen heutigen Hunger zu stillen, aus welchem Grund solltest du ein zweites wollen? Der übermäßige Ehrgeiz ist wie eine löcherige Kanne: Man kann sie niemals füllen. So gibt es Mangel selbst im Überfluss, denn nicht einmal das ganze Universum vermag den Hunger des Ehrgeizes zu stillen. Der Ehrgeiz wie auch der Neid sind nur verschiedene Erscheinungen des Egoismus.«

»Und was sagst Du zum Neid?«

»Es gibt Menschen, die nur lieben, was sie nicht besitzen. Einmal ihr eigen, ist es für sie nicht mehr von Interesse. Sie sind wie jene, die nur sehen, was jenseits des Horizontes liegt, aber nicht, was zu ihren Füßen geschieht. Diese Unglücklichen! Sie vergessen, dankbar zu genießen, was sie schon haben, so sehr sind sie beherrscht vom Willen, fremdes Eigentum zu besitzen. Nichts von ihren Wünschen können sie realisieren, da sie nicht in der Lage sind, ihre eigenen Werte und Möglichkeiten zu erkennen, denn sie leben in dem Wahn, die Eigenschaften und Fähigkeiten anderer erlangen zu müssen.«

»Du hast über viele Dinge gesprochen, die den Menschen auf dem Weg zum Glück hemmen. Aber es genügt sicher nicht, diese nur zu vermeiden, um glücklich zu werden. Ich selbst bin manchmal traurig, wenn ich einhalte und über mein Leben nachdenke, und dann glaube ich, dass ich glücklicher wäre, wenn ich woanders hinginge, an einen anderen Ort mit besseren Bedingungen. Warum leben wir nicht, wo wir möchten?«

»Mein junger Freund, hüte dich vor der Illusion, es gäbe einen Ort, wo das Glück wohnt. Diesen Ort gab es nie, und es wird ihn auch niemals geben. Stelle dir einen Platz vor, an dem alles so ist, wie du es wünschst, und es gelingt dir, dort zu leben. Einer Sache sei gewiss: Früher oder später wird in dir ein Gefühl der Leere wachsen, der Unlust, der Enttäuschung; denn das Glück ist in dir selbst oder nirgendwo. Lebst du aber in dir selbst, in deinem Kern, dem innersten Winkel deines Ichs, so strahlt es aus dir und in alles um dich herum, und du bist glücklich, wo immer du lebst.«

»Manchmal erinnere ich mich an Vergangenes und habe dann den Eindruck, dass ich in gewissen Abschnitten meines Lebens wohl glücklich war, es damals aber nicht bemerkt habe. Dann wieder denke ich, wie schön es wäre, wenn sich ein günstiges Schicksal für mich erfüllen würde. Sollte das Glück darin bestehen, sich an Vergangenes zu erinnern oder auf Zukünftiges zu hoffen?«

»Nein. So wie das Glück nicht an einen Ort gebunden ist, so ist es auch nicht der Zeit unterworfen. Der Moment, in dem du dich glücklich fühlst, ist die Gegenwart, das Jetzt. Denn die Vergangenheit lebt nur mehr in deiner Erinnerung, und die Zukunft ist eine Einbildung deiner Fantasie. Das Gedächtnis erinnert sich vorzugsweise an Momente der Freude, und deine Zukunftsvorstellungen lassen dir golden erscheinen, was sich vielleicht als banal oder enttäuschend erweist, wenn du es dann lebst. Du könntest dir etwas einbilden, was niemals geschieht, und trotzdem darauf bauen.

Suche also, heute glücklich zu sein, jetzt, denn: Versuchst du es nicht heute, so schaffst du es sicher nicht an einem anderen Tag.«

»Und wenn sämtliche Wünsche verwirklicht wären, wären wir dann nicht glücklich?«, beharrte ich.

»Jedes Verlangen könnte verwirklicht werden, aber nicht immer geschieht es so. Zudem ist nicht jedes Begehren sinnvoll, auch wenn du es glaubst. Wenn du etwas willst, so frage dich, ob es nicht nur der Befriedigung deines Egoismus dient. Denn du entfernst dich um so weiter von den Dingen, je mehr du sie willst. Bedenke ferner, dass deine Wünsche im Gegensatz zu denen anderer Menschen stehen können. Teilten diese deine Wünsche, wären deine Ziele also im Einklang mit denen anderer, so würden alle bei der Verwirklichung zusammenarbeiten. Strebe auch nicht nach Dingen und Ideen außerhalb deiner Fähigkeiten; erkenne deine Grenzen, oder du wirst laufend ein Opfer deiner Enttäuschungen, deiner Ent-Täuschungen.«

»Und wo liegt dann das Glück?«

»Du willst tatsächlich eine Anweisung, wie du dein eigenes Glück finden kannst? Jedes Wesen ist einmalig auf dieser Welt. Den Schlüssel zu deinem Glück besitzt du selbst, und nur du kannst ihn finden.«

»Und wo soll ich ihn suchen?«

»Suche ihn an dem einzigen Ort, wo du ihn finden

kannst, im Kern deines Seins. Die Selbsterkenntnis ist der Schlüssel zu den Türen des Glücks.«

»Selbsterkenntnis?«

»Ja, erkennst du dich selbst, so erkennst du die Welt.«

»Aber Du hast vom Egoismus gesprochen, von Ehrgeiz, Neid und anderen Dingen, die den Menschen bei seiner Suche nach dem Glück behindern. Und jetzt sagst Du, das größte Hindernis zum Glück sei die Unwissenheit?«

»Und was ist Egoismus anderes als das Nicht-Wissen um die Vergänglichkeit des Materiellen? Und der Ehrgeiz, das Nicht-Wissen um die wahren Bedürfnisse; der Neid, das Nicht-Wissen um die wahren Werte und Fähigkeiten? Dann der Stolz, ist er nicht nur das Nicht-Erkennen der eigenen Unwichtigkeit für den Lauf der Welt? Die Eifersucht das Nicht-Fühlen der eigenen Unsicherheit?«

»Mein Alter, ich glaube, dass viele Menschen es schaffen, glücklicher zu leben als andere, obwohl sie genau diese negativen Gefühle hegen, von denen Du gesprochen hast. Wie ist das möglich?«

»Das Glück ist kein Gefühl, sondern eine Form der Selbstwahrnehmung. Du kannst nicht das Glück oder Unglück eines anderen empfinden, sondern nur dein eigenes. Vergleiche dein Leben niemals mit dem der anderen. Jeder lässt stets nur das Gute seiner Person erkennen, und nur in außergewöhnlichen Momenten werden auch seine negativen Seiten sichtbar. Betrachtest du aber deine Schwächen und vergleichst sie mit dem äußeren Schein der anderen, so ist es nicht verwunderlich, wenn du dich unglücklich fühlst.

Erkenne dich selbst – nosce te ipsum. Befreie dich aus der Enge des Nicht-Wissens, Erkenntnis ist die einzige Wahrheit, die befreit. Versuche heute und gut zu leben und im Einklang mit deinem innersten Ich, und du wirst das Glück erlangen.«

Erneut wurden wir vom Ende des Tages unterbrochen, und wir verabschiedeten uns. Ich kam am folgenden Mittag wieder, am übernächsten und an allen weiteren Tagen, und wir verbrachten unsere Nachmittage mit Gesprächen über die Geheimnisse unseres Lebens.

Das Frohe und die Trauer

Als ich am nächsten Tag den alten Einsiedler besuchte, waren meine Gedanken noch beim gestrigen Gespräch. Ich fragte mich, ob das Glück nicht in irgendeiner Beziehung zum Frohen stehe. So wandte ich mich an ihn:

»Mein Alter, jemand, dessen Leben nur aus Freude besteht und der die Traurigkeit nie kennen gelernt hat, ist der nicht ein glücklicher Mensch?«

»Halt«, sagte der Greis, »verwechsele nicht Glück mit Freude! Letzteres ist ein nur kurzlebiges Gefühl. Man könnte sich das Glück als einen Zustand dauernder Erfüllung und Freude vorstellen, aber die Vernunft sagt uns, dass es nicht so sein kann. Ist ein Leben in ewiger Gleichförmigkeit glücklich zu nennen, ein Leben ohne seine Höhen und Tiefen? Haben denn Monotonie und Glück etwas gemein? Kann es eine Musik ohne helle und dunkle Töne geben? Woran, wenn nicht in den Veränderungen seiner Phasen, erkennt man die Magie des Mondes? Und das Meer, wo wäre seine Faszination ohne seine Bewegung? Wenn du also Traurigkeit und Leid als Teil deines Lebens annimmst, so machst du einen großen Schritt auf der Suche nach dem Glück.«

»Ja, aber wozu gibt es dann frohe Vorfälle und warum traurige?«

»Frohe Vorfälle gibt es nicht, und traurige Vorfälle gibt es nicht. Die Dinge sind, wie sie sind. Regen ist immer Regen. Würde es jetzt hier regnen, so würdest du dich nicht freuen, denn du willst die Wärme und die Sonne. Aber für einen Bauern, dessen Pflanzung fast vertrocknet ist, wäre der Regen ein Anlass zu Jubel. Du siehst also, Freude bereitet, was deinen momentanen Wünschen oder Bedürfnissen entspricht. Aber diese wandeln sich laufend, denn auch dein Leben, innen wie außen, ist in dauernder Bewegung und Veränderung. So wie heute, so war es weder gestern, noch wird es morgen so sein. Dieselben Dinge berühren dich zu verschiedenen Zeiten auf verschiedene Weise.«

»Aber warum müssen wir Trauer empfinden?«

»Wir müssen es nicht. Alles, was besteht, alles Sein offenbart sich durch sein Gegenteil. Trauer ist nichts als das Gegenstück der Freude; sie, das Gefühl der Fülle des Ichs, und die Trauer, das Gefühl der Leere. Jeder Verlust macht dich traurig, und je mehr du dich in der Illusion verwickelst, etwas zu besitzen, besitzen zu können, desto größer ist die Trauer, wenn du es verlierst. Aber du darfst das nicht zu wichtig nehmen, denn das Maß deiner Trauer ist auch das deiner Freude. Trauer lässt sich nicht vermeiden, aber du kannst verhindern, dass sie lange dauert.«

»Und warum geraten einige Menschen in eine nicht endende Traurigkeit?«

»Weil sie nie den Verlust akzeptiert haben. Dabei ist es bei manchen Dingen eine Wohltat, sie zu verlieren. Außerdem, stelle dir vor, du verlierst einen Knopf und findest beim Suchen eine Diamantbrosche …«

»Du sagtest, Trauer und Leid als Teil meines Lebens anzunehmen, sei ein wichtiger Schritt auf der Suche nach dem Glück. Welchen Wert oder welchen Sinn hat denn die Trauer in unserem Leben?«

»Nun, wäre dein Leben ein einziges Meer der Freude, was tätest du? Sicherlich würdest du dein Boot auf den Kamm der höchsten Wellen steuern, dich dort bequem zur Ruhe legen, untätig und müßig dich tragen lassen. Aber das Leben ist Bewegung, Wachstum, Entwicklung. Und Kampf gegen die Trauer, das Leid und die Widrigkeiten, das ist es, was dich stärkt, dich vervollkommnet und leitet auf deinem Weg der Selbstverwirklichung.«

»Ich verstehe, was Du sagen willst, aber wäre das Leben nicht schöner, wenn alle nur lachen und niemand weinen würde?«

»Als wenn Lachen nur ein Ausdruck der Freude wäre und Weinen nur einer der Trauer! Gibt es nicht auch ein sehr trauriges Lachen und das Heulen vor Glück? Waren nicht manchmal die Tränen eines anderen der Preis für dein Lachen? Und brauchte es nicht häufig dein Weinen, damit andere lachen konnten? Wenn du kannst, zeige immer ein lächelndes Gesicht, auch wenn du voller Trauer bist, denn dein Lächeln ist Ausdruck deiner Großmut, und einem Traurigen wird es Trost sein, Linderung einem Leidenden, Ruhe dem Erregten und Zuneigung für den Verachteten. Auch sollst du dich nicht deiner Tränen schämen, ist doch deine Klage Zeichen deiner Fähigkeit zu empfinden: Tränen über einen Verlust werden zum Verzicht, Tränen über eine Schuld werden zum Erlass, Tränen eines Unrechts werden zur Empörung, und Tränen über einen Schmerz weinst du zu deinem Trost.«

An diesem Nachmittag sprachen wir nicht viel. Wir lehnten an den Stamm einer Palme, schwiegen lange, genossen das unendliche Bild der See und lauschten dem großen Orchester aus Vögeln, Wellen und dem Rauschen der Palmen. Am späten Nachmittag verabschiedeten wir uns voneinander, wie es schon zur Gewohnheit geworden war.

Liebe und Hass

Am nächsten Nachmittag saßen wir wieder im Schatten unserer Palme, der Alte und ich, und während wir das Kommen und Gehen der Wellen betrachteten, formte sich in mir ein Gedanke. Ich erinnerte mich, dass man sagte, die Liebe sei kein Garant für das Glück, aber der, der ohne sie lebe, könne niemals glücklich sein. Wenn also, sagte ich mir, einer niemanden liebt und von niemandem geliebt wird, so könne er unmöglich glücklich sein – und jemand, der in dauernder Einsamkeit lebt?

Und so wandte ich mich an den Greis:

»Mein Alter, fühlst Du Dich in Deiner Einsamkeit nicht unglücklich ohne die Liebe eines anderen Menschen?«

»Diese Frage habe ich dir zum Teil schon beantwortet. Erinnerst du dich, was ich dir in unserem ersten Gespräch sagte? Ich lebe hier meine Selbst-Liebe, meine Selbst-Achtung.«

»Und wozu braucht man da die Einsamkeit?«

»Du kannst nicht etwas lieben, was du nicht wirklich kennst, das gilt auch für die eigene Person. Wenn du dich richtig kennen lernen willst, musst du dich – zumindest vorübergehend – von den anderen entfernen, zurückziehen vom Zuviel der Menschen. Auf der Bühne des Lebens zwingen dich die anderen Darsteller zu spielen, was deine Rolle verlangt. Erst in der Garderobe kannst du zu dem werden, der du wirklich bist.«

»Aber fliehst Du nicht vor der Liebe der Menschen?«

»Nein, ich fliehe die Menschen, die nicht wissen, was Liebe ist.«

»Und was ist – Liebe?«

»Mit Worten kann man es nicht definieren, denn es ist ein Prinzip. Es wäre, als wollte man einem von Geburt an Blinden erklären, was rot ist. Dieser wird erst wissen, was Farbe ist, wenn er eines Tages sehen lernt. Genauso wissen wir erst dann, was Liebe ist, wenn sich die Augen des Herzens öffnen.«

»Willst Du sagen, dass nur der weiß, was Liebe ist, der sie schon gefühlt hat?«

»Richtig, anders kann es nicht sein.«

»Und wie kann ich wissen, ob das wirkliche Liebe ist, was ich fühle?«

»Wenn du irgendeinen Zweifel über die Art deines Gefühls hast, so handelt es sich sicher nicht um Liebe. Wohnt sie jedoch in deinem Innersten, so gibt sie die absolute Sicherheit.«

»Du sagtest, die Liebe sei ein Prinzip. Wie zeigt sich dieses Prinzip?«

»In allen Formen, die du dir vorstellen kannst. Immer, wenn sich ein Sein durch ein anderes angezogen fühlt und sich damit vervollständigt, ist es das Prinzip Liebe. So wie ein Natrium-Atom von einem Chlor-Atom angezogen wird, die Erde von der Sonne, ein Mann von einer Frau.«

»Man sagt, die Eifersucht nähre die Liebe. Stimmt das?«

»Ich meine, die Eifersucht nährt den Hass. Die Liebe aber lebt vom Zeugnis der Liebe.«

»Was heißt das?«

»Äußerungen ihrer Eigenschaften: Hingabe, Vertrauen, Aufrichtigkeit, Treue, Verzicht, Zärtlichkeit.«

»Hingabe?«

»Ja, Liebe braucht stets deine Hingabe für den, den du liebst, denn in dem Maß, in dem du gibst, empfängst du auch. Im Grunde ihrer Natur ist die Liebe selbstlos. Wäre es anders, wäre es nicht Liebe, sondern reiner Egoismus. Deshalb sollst du nicht vordergründig nach Befriedigung deiner Wünsche trachten, sonst wirst du sicher enttäuscht werden in deinen Gefühlen.«

»Und das Vertrauen, wie ist das ein Zeugnis der Liebe?«

»Wer liebt, vertraut. Sobald du dem misstraust, den du lieben möchtest, wird dein Misstrauen Ursache sein für Argwohn und Groll. Und ist es vom Groll nicht mehr weit bis zum Hass? Sagte ich nicht bereits, dass die Eifersucht die Nahrung des Hasses ist?«

»Ja, aber warum empfinden die Menschen Eifersucht?«

»Sie ist die Frucht der eigenen Unsicherheit; durch mangelndes Vertrauen in sich selbst hat der Eifersüchtige Angst, das geliebte Wesen zu verlieren. Hast du genügend Selbst-Liebe, so hast du auch Selbst-Vertrauen und die Sicherheit, geliebt zu werden. Hast du aber Angst zu verlieren, wen du liebst, so sei sicher, dass du ihn in welcher Form auch immer schon verloren hast. Der Unsichere hasst sich selber und den Gegenstand seiner Eifersucht, denn eben dieser beweist seine Schwäche.«

»Und die Aufrichtigkeit?«

»Bevor du aufrichtig bist mit jemandem, den du zu lieben glaubst, musst du zunächst aufrichtig sein mit dir selbst und deine wahren Gefühle erkennen. Liebe ist Wahrheit, und nur Wahrheit kann Vertrauen wecken. Lüge jedoch weckt Misstrauen, Eifersucht, Groll und Hass.«

»Ja, das stimmt wirklich. Und die Treue, warum soll man treu sein?«

»Keiner Sache und keinem Menschen brauchst du treu zu sein, nur deinen Überzeugungen und deinen Gefühlen. Und wer seinem Gefühl der Liebe die Treue hält, der hält sie auch dem Objekt dieser Liebe.«

»Ist Treue nicht eine gegenseitige Verpflichtung in der Ehe?«

»Die Menschen heiraten aus den verschiedensten Gründen. Besser gesagt, jeder Einzelne hat seinen persönlichen Grund, wenn er zu heiraten beschließt. Nur einige wenige werden geleitet vom Prinzip der Liebe. Für diese ist die Treue eine natürliche Konsequenz der eigenen Gefühle. Aber für die anderen ist Treue nichts weiter als eine lästige Verpflichtung.«

»Warum erfordert Liebe denn immer eine gewisse Menge an Verzicht?«

»Wie ich schon sagte, ist die Liebe ihrem Wesen nach selbstlos. Weil das so ist, kannst du nicht erwarten, sie mit einem von Egoismus durchtränkten Herzen zu erlangen. Oftmals muss man auf ein Gutes verzichten zum Wohle eines Besseren.«

»Und was kannst Du mir über die Zärtlichkeit sagen?«

»Oh, die Zärtlichkeit ...«

Der Alte machte eine Pause und senkte leicht den Kopf. Dann blickte er wieder zum Meer und sagte sanft:

»Siehst du die Wellen sich da unten brechen? Sie schämen sich nicht, sich über den Strand auszubreiten und den weißen Sand zu liebkosen. Und«, er wies mit dem Kopf nach oben, »die Wolken am Himmel, sie werden nichts von ihrem Stolz verlieren, wenn sie in ihrem Lauf einen Bergkamm streifen, der zufällig ihren Weg kreuzt.

Fühlst du die Brise auf deinem Gesicht?«, fuhr er fort. »Sie hat keine Angst, deine Haare durcheinander zu bringen, und sie verliert auch nicht an Kraft, wenn sie die Palmblätter tanzen lässt. Warum, frage ich dich, warum können die Menschen nicht genauso sein?«

Ich dachte kurz über die Worte des Eremiten nach und kehrte dann zu meinen Fragen zurück.

»Mein Alter, glaubst Du an die wahre und ewige Liebe?«

»Liebe ist immer Liebe, dauert sie nun Ewigkeiten oder nur einen Moment. Sicher stützen sich Empfindungen manchmal auf Situationen, die ihnen eine gewisse Fortdauer gewähren, aber können wir nicht auch solche

Gefühle Liebe nennen, die, dauern sie auch nur einige Momente, uns betören, hinreißen, berauschen wie in Ekstase?«

»Wie kommt es, dass Gefühle manchmal ein ganzes Leben dauern, während andere scheitern und ein böses Ende finden?«

»Scheitern der Gefühle? Gefühle siegen nicht und verlieren nicht, sie bleiben erhalten oder erleiden Veränderung, je nach den Umständen. Oder sie vergehen, wenn die Umstände ihr Bestehen nicht mehr fördern. Nicht die Gefühle sind es, die scheitern, sondern die Beziehungen.«

»Glaubst Du an die Liebe auf den ersten Blick?«

»Zwei Wesen begegnen sich, und es kommt plötzlich zu einer starken und wechselseitigen Anziehung, anscheinend ohne jeden rationalen Grund. Trifft nun diese spontane Faszination auf günstige Lebensumstände, so kann sie zu einer festen und dauerhaften Beziehung heranreifen. Nun sage mir, was soll dieses erste Brennen anderes sein als das Prinzip der Liebe?«

»Wenn eine Beziehung zwischen zwei Menschen zerbricht, sagt man häufig, es war eben keine Liebe, sondern nur physische Anziehung. Ist das so?«, fragte ich.

»Die Liebe auf ihrer geistigen Ebene äußert sich durch gegenseitige Sympathie und durch Harmonie in Empfindung und Gedanken. Auf ihrer körperlichen Ebene besteht sie in geschlechtlicher Anziehung. Sex ist somit Liebe auf physischer Ebene. Es gibt nun Menschen, die von der eigenen Triebhaftigkeit beherrscht werden, während andere eine starke Zuneigung für jemanden empfinden ohne jeden sexuellen Anteil. Diese platonische Liebe kann ein ganzes Leben dauern, ohne sich zu erschöpfen, während die körperliche Liebe ihre Erfüllung in bestimmten Momenten findet, dann aber nach anfänglichem Verlangen verfliegt. Am besten erscheint es, wenn die körperliche Liebe sich der geistigen unterordnet, denn so kann sie von Dauer sein und sich erfüllen.«

»Man sagt, dass man im Leben nur einmal wirklich liebt und dass diese wahre Liebe die erste ist. Wie denkst Du darüber?«

»Mein junger Freund, Liebe ist wie ein Brillant. Jede Facette strahlt in einer anderen Farbe. Und in jedem Menschen, den du liebst, wirst du eine andere Facette der Liebe entdecken. Die erste Liebe erlebst du vielleicht erhabener und heftiger, unvergleichlich, unvergesslich, nie wiederholbar. Aber ist es nicht immer so mit Neuem?«

»Und die Freundschaft? Hat sie eine Verbindung zur Liebe, oder handelt es sich um etwas anderes?«

»Reine Freundschaft ist eine Form der Liebe, gründet sie sich doch auf Zuneigung, Gemeinsamkeit der Gedanken, Vertrauen und gegenseitige Achtung. Die körperliche Anziehung spielt hier keine Rolle. Wenngleich nicht selten sich eine Freundschaft in Liebe wandelt oder umgekehrt.«

»Häufig wandelt sich Liebe auch in Hass. War es dann nicht wirkliche Zuneigung?«

»Glaube nicht, der Hass sei so verschieden von der

Liebe. Nicht selten trifft man beide Seite an Seite. Schau genau hin, und du wirst sehen, dass du eben das hasst, was du auch lieben könntest. Es sind nicht die dir Fernen, die du hasst, auch sind es nicht die dir Nahen, die du liebst. Die Fernen berühren dich in keiner Form. Du liebst und hasst, die mit dir auf dem Weg sind, mit dir das Bett teilen und zusammen mit dir um einen Platz an der Sonne streiten. Du lebst glücklicher, wenn du im Garten deiner Seele das Unkraut Hass abmähst und statt dessen die Samen der Liebe pflanzt.«

So schlossen wir, denn die Sonne sank schon in den Horizont.

Bescheidenheit und Stolz

Wieder war die Sonne unter- und aufgegangen, seit ich mich von dem Einsiedler verabschiedet hatte. Während des Morgens überraschte mich der Wunsch, es solle endlich Nachmittag werden, damit ich meinen Freund treffen konnte. Ich hatte nur noch wenige Tage Urlaub, und nicht einen Tag würde ich hier am Strand bleiben und ihn ungenutzt lassen, ohne mit dem Alten zu reden, zu fragen, zuzuhören. Es ist schon seltsam, wie für uns manches unversehens Bedeutung gewinnt, während anderes sie verliert.

Ich hätte versuchen können, den Alten früh am Morgen zu sehen, aber, wer weiß, vielleicht hätte ich ihn nicht angetroffen. Nachmittags jedoch fühlte ich sicher, dass er da wäre und auf mich wartete. Das muss die Schönheit des Alltags sein, darauf zählen zu können, dass die Dinge, die wir schätzen, da sind, für uns bereit. Außerdem bekommen sie einen besonderen Duft, wenn man auf sie wartet.

Und so hielt ich aus bis zum Nachmittag. Ich verließ mein Haus und schlug am Strand den Weg zum Eremiten ein, spürte den Schaum der Brandung an den Knöcheln und das warme Wasser zwischen den Zehen.

Plötzlich hörte ich jemanden rufen:

»He! Warte ein wenig!«

Schnell drehte ich mich um und sah die winkende Gestalt des Alten oben in den Dünen zwischen den Palmen.

»Einen Moment, ich komme hoch«, rief ich, aber der Alte rutschte schon den Abhang hinunter.

»Wolltest du vorbeigehen?«, fragte er.

»Nein, ich war in Gedanken.«

»Lass uns ein Stück gehen, das entrostet die Beine.«

So liefen wir beide und unterhielten uns längs des Strandes, und um uns war die klare Landschaft eines Sommertages in seinem unvergleichlichen Duft.

»Mein Alter, erinnerst Du Dich an Deine letzten Worte von gestern?«

»Welche meinst du?«

»Du sagtest etwa: Man liebt und hasst eben die Personen, die einem nahe sind.«

»Ah ja, ich erinnere mich.«

»Was lässt uns andere hassen?«

»Großes Leid geschieht uns selten durch eine andere Person. Zumeist sind es die leichten Erschütterungen deiner Selbst-Liebe, kleine Widersprüche zu deiner Denkweise, geringstes Rütteln an deinem Stolz, die in deinem Herzen den Hass wachsen lassen. Merke dir eine Sache gut: Niemand ist in der Lage, dir ein Leid anzutun, das größer ist, als jenes, das in deinem Inneren auf dir lastet.«

Wir schwiegen ein Stück des Weges.

»Und der Stolz?«

»Stolz ist derjenige, der es gewohnt ist, seine Fähigkeiten vor den anderen und vor sich selbst zu überschätzen. So ist der Hochmut nichts weiter als eine Maske, die das Gesicht eines niedrigen Ichs verdeckt. Wer sie benutzt, hält die von sich fern, die das wahre Gesicht sehen könnten, um Enttarnung zu vermeiden.«

»Mein Alter, hältst Du Dich nicht aus Stolz von den anderen fern?«

»Nein. Als ich beschloss, wegzugehen von den Menschen, hatte ich meine Schwächen schon erkannt. Wäre es, wie du sagst, so hätte ich das Leben eines Asketen längst aufgegeben. In den vielen Jahren der Einsamkeit, wie oft bin ich da meinem wahren Ich von Angesicht zu Angesicht gegenübergestanden? Müsste ich, zurückgekehrt, meine Schwächen nicht nur vor den Menschen, sondern vor allem vor mir selbst verbergen? Ich zog mich zurück, ja, vor den Hochmütigen, die nicht sind, was sie vorgeben, vor dem stolzen Schein.«

»Warst du denn niemals stolz?«

»Es ist rechtens, Stolz zu empfinden auf das, was du wirklich bist; stammt dieser Stolz doch aus der Selbstachtung, und Selbstachtung geht nicht ohne Selbsterkenntnis. Letztlich handelt es sich dabei mehr um eine innerste und persönliche Genugtuung, weniger um den Stolz, über den wir vorhin sprachen.«

»Also schließen sich Stolz und Selbsterkenntnis aus?«

»Muss sich hinter der Maske des Hochmutes verstecken, wer sich seines Eigenwertes bewusst ist? Sollte es ein Zufall sein, dass gerade die weisesten Menschen zugleich die bescheidensten sind?«

»Ist denn Weisheit eine Funktion der Bescheidenheit?«

»Du musst bescheiden sein, um weise zu werden, und du brauchst die Weisheit, um den Wert der Bescheidenheit zu erkennen.«

»Welchen Wert hat sie denn, die Bescheidenheit?«

»Mangelt es dir an Bescheidenheit, wie solltest du deine Schwächen erkennen, deine Unfertigkeiten, deine Fehler? Und wie könntest du dich anderen nähern, wenn du ihnen mit Überheblichkeit begegnest? Du weißt, dass alle Menschen auf dieser Erde ihren Wert haben, mag er auch noch so unbedeutend erscheinen. Wer immer es sei, in irgendeinem Punkt ist er dir überlegen.«

»Das verstehe ich nicht …«

»Hast du schon einmal die Fischer des Dorfes beobachtet? Sie haben nicht an der Universität studiert, aber sie sagen dir den Regen vorher, die Windstillen und, wenn sie das Meer betrachten, den heutigen Fang. Näherst du dich ihnen bescheiden, kannst du von ihnen lernen; spielst du den Überlegenen, so erntest du wohl nur ihre Verachtung.

Der wahrhaft Weise ist sich seines Nichtwissens bewusst, und durch seine Bescheidenheit gelangt er zur Erkenntnis. Der Stolze, der glaubt, er wisse schon so viel, verhindert durch seinen Hochmut sich selbst den Zugang zum Wissen.«

»Ich fange an zu verstehen. Sag, wir gehen schon eine ganze Weile, wollen wir nicht umkehren?«

»Ja, natürlich.«

»Da ist noch eine andere Sache. Wenn man nun bescheiden ist, werden da die anderen nicht ihren Vorteil daraus ziehen wollen?«

»Mein junger Freund, wie ich schon sagte, ist der Bescheidene sich seines Wertes bewusst, hat Selbst-Liebe, und somit wird er respektiert. Bescheiden sein heißt nicht, sich erniedrigen, denn wenn du dich erniedrigst, dann missachtest du deinen Wert vor den anderen. Also, suche die Bescheidenheit und erhalte dabei deine Würde.«

»Und was mache ich, um den Stolz zu vermeiden?«

»Mache dir deine Stellung in dieser Welt bewusst, in der du lebst. Warum solltest du Stolz darüber empfinden, dass du jeden dieser kleinen Krebse, die deinen Weg kreuzen, mit der Ferse zerquetschen kannst, wo du in deiner Bedeutungslosigkeit doch leicht von den Wassern des Ozeans verschluckt wirst?«

An jenem Nachmittag fragte ich meinen älteren Freund nichts mehr. Wir verabschiedeten uns im Schatten der Palme, unter der wir uns gewöhnlich unterhielten, und ich machte mich auf den Weg nach Hause.

Abends dachte ich weiter über die Worte des Alten nach, und ich verstand, dass wir alle genügend klein sind, um in Bescheidenheit, und genügend groß, um in Würde zu leben.

Weisheit und Unwissenheit

Und wieder kehrte ich am folgenden Nachmittag zurück und traf den Eremiten im Schatten derselben Palme. Wir setzten uns, sahen auf das Meer und nahmen das Gespräch vom Vortag wieder auf.

»Mein Alter«, sagte ich, »ich erinnere mich an Deine Worte von gestern, dass den Wert der Bescheidenheit erkennt, wer weise ist. Wie findet man Weisheit?«

»Weise ist nicht, wer meint, die Weisheit gefunden zu haben, sondern, wer sie sucht. Du wirst weise, wenn du deine eigene Unwissenheit erkennst und anfängst, nach Weisheit zu streben. Hättest du alle deine Fragen, die du bisher an mich gestellt hast, dir selber gestellt, du hättest die Antworten genauso gefunden.«

»Aber wären es die gleichen Antworten gewesen?«

»Vielleicht nicht genau dieselben, aber sicher wären sie wahr gewesen.«

»Können denn meine Wahrheiten anders sein als Deine?«

»Ob sie unterschiedlich sind, ist nicht von Bedeutung. Wichtig ist, dass du deine eigenen Wahrheiten findest. Die Große Wahrheit ist einzig, aber du kannst andere Facetten finden als ich. Letztlich gehen alle kleinen Wahrheiten in die Große Wahrheit ein.«

»Was meinst Du mit ›die Große Wahrheit‹?«

»Die Ewige Wahrheit, absolutes Wissen; du kannst nach ihm streben, aber du wirst es niemals völlig erreichen.«

»Warum?«

»Wir sind zu klein, um so Großes zu begreifen. Das Begrenzte kann nicht das Unbegrenzte fassen.«

»Lohnt dann überhaupt die Suche nach der Weisheit?«

»Nun, du kannst nicht den ganzen Ozean mit allen Wesen greifen und mitnehmen. Aber darfst du deshalb in deinem Haus kein kleines Aquarium mit einigen Goldfischen haben?«

»Und wenn ich viele Dinge lerne, vergrößert das meine Weisheit?«

»Du verwechselst Wissen mit Weisheit. Sie sind sich ähnlich, aber es ist nicht dasselbe.«

»Warum?«

»Der Mensch hat Stück für Stück die Geheimnisse der Materie und des Atoms enthüllt und so bewiesen, dass er einen bemerkenswerten Grad an Wissen erreicht hat. Und trotzdem, hat er dieses Wissen mit Weisheit umgesetzt? Etwa im Bereich der Atomenergie?«

»Wissen erreichen wir durch das Studium der Dinge; und Weisheit?«

»Wissen suchen wir außen und verwahren es innen; Weisheit aber finden wir innen und wenden sie außen an.«

»Du spielst auf unser Inneres an?«

»Richtig. Der Mensch wird desto weiser, je mehr er sich in sich selbst vertieft.«

»Erkläre das bitte.«

»Stelle dir deine Persönlichkeit wie zahlreiche konzentrische Kreise vor, alle in verschiedenen Abständen zum gleichen Mittelpunkt. Nun entsprechen die weiter außen gelegenen Kreise den Anteilen deines Seins, die mehr mit den Dingen der Welt zu tun haben, Dinge, die deine Eitelkeit wecken, deinen Egoismus, deinen Neid, deine Eifersucht, deinen Ehrgeiz, deinen Hass. Eben diese verleiten dich häufig zu Täuschung, Lüge, Illusion. Im Mittelpunkt der Kreise hingegen ist der Kern deines wahren Selbst, das unabhängig von allem anderen lebt, durch nichts berührt wird und in sich alle Geheimnisse deiner Existenz bewahrt.«

»War das ein Grund für Dich, Eremit zu werden?«

»Um mich mir selbst zu nähern?«, fragte er zurück.

»Und um weise zu werden.«

Der Alte lachte.

»Falls ich ein Weiser wurde, so war es eine Folge und nicht Vorsatz. Weisheit erlangen zu wollen um den Preis der Einsamkeit, ist Unsinn und ein Missbrauch des Alleinseins, um seinem Egoismus zu frönen.

Mein junger Freund, um weise und klug zu werden, brauchst du nicht als Einsiedler zu leben. Es genügt, wenn du in manchen Momenten, die du erlebst, auf die Stimme in deinem Inneren hörst, die Stimme, die dich niemals fehlleiten wird.«

Wir redeten nichts mehr an jenem Nachmittag; wir meditierten und suchten unser wahres Ich, suchten nach der »Großen Wahrheit«. Später verabschiedeten wir uns, und ich ging nach Hause.

Arbeit und Muße

Wieder verging eine Nacht. Ich wachte recht früh auf, bei Morgengrauen schon, und hörte die Rufe der Fischer, die ihre Jangadas[1] ins Wasser schoben.

Ich stand auf, öffnete die Tür und ging an den Strand. Dort setzte ich mich auf einen Stein und beobachtete die Jangadas, die sich vom Ufer entfernten. Am Horizont kündete ein zarter Schein vom Aufgang der Sonne, die ersten Strahlen am Morgen.

Lange blieb ich dort und sah dieses großartige Schauspiel der Natur, bis die Sonne höher stieg und ihr Glanz auf dem Meer blendete.

Wie viel Schönes, Wundersames, Reiches erleben die Menschen nicht, weil sie getränkt sind mit Belanglosigkeiten, mit nichtigem Zeug. Der alte Eremit kam mir in den Sinn, er wusste sehr wohl, warum er bleiben wollte, wo er war. Wo mochte er jetzt sein, wie verbringt er wohl seine Vormittage?

Wie sich doch unsere Anschauungen von Tag zu Tag ändern. Seit zwei Tagen verspürte ich den Wunsch, den

[1] »jangada«: schmales, langes brasilianisches Segelfloß, traditionell aus fünf bis neun Palmstämmen gefertigt, mit einem Mast und klassischem, dreieckigem Lateinersegel. (Anm. d. Ü.)

Alten am Morgen zu besuchen, aber ich ging nicht hin, um mir nicht die Vorfreude und die Vertrautheit des Täglichen zu nehmen. Aber jetzt wollte ich dem Wunsch des Augenblicks nachkommen, denn sogar frustriert zu werden war besser, als seine Zeit mit langweiligen Dingen zu füllen.

So eilte ich ins Haus zurück, frühstückte und wanderte wieder an jenen Ort, an dem ich den Alten schon so oft getroffen hatte.

Der Platz im Schatten der Palme war leer, der Alte war nicht da. Ich nahm an, dass er vielleicht in seinem Haus war, aber er hatte mir nie gesagt, wo er wohnte.

Also setzte ich mich und wartete.

An jenem Morgen erlebte ich das ganze Festival der Farben und Töne, das die Natur uns jeden Tag präsentiert, das ich aber, eingespannt in den Alltag, noch nie wahrgenommen hatte. Das Weiß der Wolken, das tiefe Blau des Himmels, smaragdgrünes Meer, Sonnenstrahlen, gefiltert durch Palmblätter im würzigen Duft des Windes. Das Rauschen der Blätter mischte sich mit dem Gesang der Vögel und dem Rhythmus der Brandung. Gleichklang und Harmonie erfüllten mich mit ruhigem Entzücken.

Gegen Mittag entdeckte ich das weiße, geblähte Dreieck einer Jangada, die sich schnell der Küste näherte. Dann landete sie am Strand, und vom Boot sprang der mir wohl bekannte Eremit.

Ich ging hin, begrüßte ihn und half, die Jangada auf den Strand zu ziehen.[2]

»Du gehst fischen?«, fragte ich.

»Wie du siehst, ist mir praktische Arbeit nicht fremd. Oder dachtest du, ich verbringe meine ganze Zeit mit faulem Nichtstun?«

»Nein, das nicht. Aber ich habe mir überlegt, dass ein Grund, warum Du Dich aus der Stadt zurückgezogen haben könntest, darin besteht, nicht mehr arbeiten zu müssen, keinerlei Verpflichtungen zu haben.«

»Von seiner Arbeit ist jeder Mensch untrennbar. Ich kam nicht hierher, um frei von Verpflichtungen zu sein, sondern, um nicht aus Verpflichtung arbeiten zu müssen.«

Der Alte nahm den Korb mit den Fischen und die Leine und den Haken und ging zu den Palmen.

»Komm!«, rief er mir zu.

»Wohin gehen wir?«

»Zu meiner Hütte.« Und er schlug den Weg zwischen den Palmen ein, ich folgte ihm neugierig. Wir gingen ein ganzes Stück, bis wir eine alte Straße kreuzten, und bald danach kamen wir an ein Sumpfgebiet mit Gestrüpp, das wir auf einem niedrigen, geraden Deich durchquerten bis zu einer Ebene. Dort stand eine Lehmhütte mit einem Dach aus Palmblättern. Die Tür war nur angelehnt. Der Alte öffnete und sagte: »Dies also ist mein Heim. Komm hinein und fühle dich zu Hause. Ich werde einige Fische bereiten – du bist hungrig, nicht wahr?«

[2] Die schweren Jangadas werden über zwei quer gelegte Stücke von Palmenstämmen den Strand hochgerollt.

»Ja, ein wenig.«

Der Alte verschwand in der Tiefe der Hütte, und ich setzte mich auf einen der beiden rohen Hocker beim Fenster. Wenig später kehrte er zurück und setzte sich mir gegenüber.

»Lässt Du die Tür immer auf, wenn Du weggehst?«, fragte ich.

»Hier kommt fast nie jemand vorbei. Und außerdem, welche ›Reichtümer‹ sollten die Gier anderer wecken? Ich habe nur, was ich brauche, und das genügt mir auch. Im Moment bin ich hungrig, und ich habe zu essen; warum sich also sorgen, ob die Tür geschlossen ist oder nicht?«

»Und wenn Du die Fische verkaufen würdest, die Du gefangen hast, dann könntest Du ein besseres Haus haben …«

»Weißt du, die Zahl der Fische, die ich fange, ist nicht so wichtig. Was du vorschlägst, bedeutet doch: Ich solle sein wie die Menschen, die mehr arbeiten als notwendig, damit sie Dinge anhäufen, um deren Verlust sie sich dann ängstigen müssen?«

»Das stimmt, Du bist ja kein Fischer …«

»… von Beruf.«

»Mein Alter, sag mir, welchen Beruf hattest Du, bevor Du zum Eremiten wurdest?«

»Ich war Arzt, spezialisiert in Psychiatrie.«

»Und Du hattest den Mut, eine so gute Karriere aufzugeben?«

»Naja, meinen Beruf mochte ich schon sehr. Aber

unglücklicherweise musste ich ihn auf eine Art ausüben, die häufig weit entfernt war von den wahren Bedürfnissen der Patienten.«

»Also, Du bist ein Psychiater.«

»Nein, ich bin nur ein alter Eremit.«

»Warum sagst Du das? Hast Du alles verloren, was Du wusstest?«

»Eine Uhr, die stehen geblieben ist, ist nur ein Haufen Zahnräder. Nur wenn du sie aufziehst, wird sie die Stunden zeigen und ist wirklich eine Uhr.«

Damit ging er und kam mit einer Schüssel von verlockendem Pirão[3] zurück. Während wir aßen, ging unser Dialog weiter:

»Wie kommst Du an Kleidung, Essen und anderes, was man so braucht?«

»Weißt du, mein junger Freund, ich lebe nicht so isoliert, wie du vielleicht meinst. Hin und wieder gehe ich ins Dorf, verkaufe einige Fische und bekomme so, was ich benötige.«

»Fischst Du jeden Tag?«

»Nahezu jeden Morgen fahre ich aufs Meer und kehre mittags zurück. Wenn du möchtest, kannst du einmal mitkommen.«

»Das würde ich gerne. Wann?«

»Gleich morgen, wenn du willst.«

[3] »pirão«: würziger Brei aus Maniokmehl und Brühe, häufig Fischsud.

»Gut, abgemacht.«

Schweigend aßen wir zu Ende, und nach dem letzten Bissen fragte ich: »Und was machen wir jetzt?«

»Nach dem Essen – was gibt es da Besseres, als im Schatten einer Palme zu sitzen?«

»Ja, wirklich«, antwortete ich, und wir kehrten an den Strand zurück.

An den Stamm unserer Palme gelehnt, räkelte ich mich genüsslich und sagte zum Alten, während er es sich bequem machte:

»Ach, wie schön wäre das Leben, wäre es immer so: Sonne, Schatten, frisches Wasser, Ruhe …«

»… und Müßiggang?«

»Ja, und Müßiggang. Warum nicht? Wozu müssen wir auch immer arbeiten?«

»Mein junger Freund, betrachte die Welt: Nichts ist statisch. Alle Dinge sind immer in Bewegung, verändern sich, wachsen, entwickeln sich. Pflanzen ziehen Nahrung aus der Erde, blühen und tragen Früchte, das ist ihre Arbeit. Der Mond umkreist die Erde und beeinflusst uns auf vielfältige Weise, das ist seine Arbeit. Und die Sonne schickt ihren Planeten fortwährend Wärme und Licht – das ist ihre Arbeit. Der Faule aber ist nichts weiter als ein dissonanter Akkord in dieser großen Symphonie, die die Welt ist, in der wir leben.«

»Aber warum verabscheuen die Menschen denn ihre Arbeit so sehr?«

»Es gibt solche, die arbeiten aus sozialem Zwang, um

nicht an den Rand der Gesellschaft gedrängt zu werden. Sie arbeiten unter Druck, und das nimmt ihnen den Geschmack an der Arbeit. Es gibt andere, die arbeiten mit Energie und Hingabe, aber sie haben vor allem den Lohn im Auge, und der Drang zu den Früchten der Arbeit nimmt auch ihnen die Freude. Es gibt aber auch solche, die aus Spontaneität und unabhängig vom Verdienst handeln. Sie arbeiten, weil sie die Tätigkeit lieben, die sie lernten. Für diese Menschen unterscheidet sich Arbeit nicht von Freizeitvergnügen.«

»Kann denn eine Arbeit, die einem Freizeitvergnügen gleicht, produktiv sein?«

»Das ist der Irrtum, den viele Menschen begehen, zu glauben, eine Aufgabe zeige nur dann gute Ergebnisse, wenn sie von großer Mühe und ständiger Spannung begleitet wird. Dies begründet den falschen Begriff und den schlechten Ruf von Arbeit, die – so getan – Müdigkeit und Erschöpfung zur Folge hat.«

»Aber eine Vergütung ist doch wichtig, oder nicht?«

»All das, was du mit Hingabe tust, machst du gut; und je besser du eine Arbeit ausführst, desto größer soll die Belohnung sein. Viele scheitern und haben nicht den gewünschten Erfolg, weil sie eine Arbeit mehr mit dem Blick auf den Gewinn als mit dem Blick auf ihre eigene Verwirklichung gewählt haben, und schließlich verlieren sie sich in Tätigkeiten fern ihrer Eignungen.«

»Was ist denn der wahre Sinn der Arbeit?«

»Der Sinn der Arbeit ist der Ausdruck des Selbst.«

»Wie?«

Der Alte steckte die Hand in die Tasche und zog etwas hervor.

»Siehst du dieses Messer und diesen Angelhaken? Im Grunde sind sie dasselbe, zwei Stückchen Metall. Nehme ich das eine und schneide mir einen Köder, so handelt es sich um ein Messer. Fange ich aber mit dem anderen einen Fisch, ist es ein Angelhaken. Sind sie aber beide in meiner Tasche, so sind sie indifferent.«

»Und bei den Menschen …?«

»Zwei Müßige sind nicht unterscheidbar. Man sieht keinen Unterschied der Persönlichkeiten, solange sie nicht handeln. Und ich bewundere die Verschiedenheit, mit der das Leben sich ausdrückt. Tatsächlich gibt es nichts Ähnlicheres als zwei Faule.«

»Und was soll ich tun, um Erfolg im Beruf zu haben?«

»Für jeden von uns gibt es eine Aufgabe. Finde heraus, welche die deine ist, und verwirkliche sie mit Begeisterung und Entschlossenheit. Und sorge dich nicht, ob es eine kleine oder eine große Aufgabe ist oder was du dabei gewinnen kannst, denn es sind nicht die materiellen Vorteile, die dir zu Glück und Seelenfrieden gereichen werden, sondern ausschließlich das Gefühl der erfüllten Aufgabe.«

»Mein Alter, ich glaube, ich werde jetzt gehen, denn ich kam früh. Wann soll ich morgen kommen?«

»Wir fahren gegen halb fünf.«

»Dann bis morgen.«

»Bis morgen, junger Freund.«

Mut und Angst

Ich ging früh schlafen an jenem Abend, um am folgenden Tag rechtzeitig aufzustehen und um mich nicht zu verspäten. In der Nacht wachte ich mehrmals auf und sah nach der Uhr, bis sie schließlich drei zeigte, und ich beschloss aufzustehen.

Nach einem kargen Frühstück nahm ich Strohhut und Umhängetasche und ging in Richtung der Behausung des alten Eremiten.

Als ich ankam, saß er schon am Fuß der Palme und wartete.

»Guten Morgen, bin ich zu spät?«

»Nein, junger Freund, ich glaube, ich bin ein wenig zu früh. Bist du fertig?«

»Ich glaube ja.«

»Gut. Dann können wir aufbrechen.«

Und dabei nahm er sein Angelzeug und ging zur Jangada, die wir bis ins Meer zogen. Der Alte befestigte das Ruder und begann, das Boot in Bewegung zu setzen, während ich bis zum Gürtel im Wasser stand und unentschlossen zu ihm sah.

»Klettere auf die Jangada!«, rief der Alte.

»Ich … ich weiß nicht recht … ich bin noch nie aufs Meer hinausgefahren …«

»Rauf mit dir! Du hast nur Angst vor dem, was du nicht kennst. Aber es gibt keine bessere Art, die Angst vor dem zu überwinden, was vor dir liegt, als es zu tun. Wärest du jetzt nicht mit mir, du würdest niemals hinausfahren.«

Und so – ohne weiter zu denken – packte ich den Rand der Jangada, und mit einem Sprung schwang ich mich hinauf. Dann lehnte ich mich an den Mast und sah dem Alten zu, der rücklings auf der Querbank saß und langsam wriggte.

Wenig später wies er mich an, die Ruderpinne zu nehmen, während er das Segel setzte und danach zurückkam. Nun war es der Landwind, der unser Boot immer weiter vom Strand wegtrug.

Später ging am Horizont majestätisch die Sonne auf, und ihre goldenen Strahlen spiegelten sich in den Wassern wider, während die Jangada die Wellen durchschnitt und die Gischt mir ins Gesicht sprühte.

Kaum hatte der Alte die Angelschnur ausgeworfen, als plötzlich der Wind einschlief und das Boot nur noch dümpelte.

»Kein Wind mehr«, bemerkte ich.

Der Alte hob prüfend die Hand, dann sah er zum Horizont und rief: »Es scheint, dass wir ein Unwetter bekommen.«

Vom Horizont näherten sich schwere, graue Wolken. »Ach herrje, warum jetzt das? Aber wir sind doch mitten im Sommer!«

»Weißt du denn nicht, dass es in diesem Monat immer regnet?«

»Aber ich war noch nie während eines Unwetters auf hoher See«, sagte ich.

»Es wäre gut, sähe man alle Stürme vorher, man könnte sie an einem sicheren Ort abwarten. Aber wenn die Unwetter kommen, schicken sie keine Ankündigung, und so kannst du nichts tun, als zu versuchen, mit einem möglichst geringen Schaden davonzukommen. Doch wenn du nur die Hände zusammenschlägst und jammerst, kannst du sicher sein, dass du unterliegst.«

Während der Alte sprach, kam ein heftiger Wind auf, und die hohen Wellen schüttelten die zerbrechliche Jangada heftig durch. Der Regen fiel so tropisch schwer, dass wir keine zwei Meter mehr sehen konnten.

»Und was machen wir jetzt?«, rief ich dem Alten zu.

»Wir müssen das Segel einrollen, bevor die Jangada kentert.«

Der Wind heulte in meinen Ohren, und das Rauschen von Regen und Wellen übertönte manchmal das Krachen des Donners. Die Blitze zerschnitten den Himmel und erhellten das Meer, obwohl es Tag war. Das Meer kochte, und nur unter Schwierigkeiten schafften wir es, das Segel einzurollen; es hätte nicht viel gefehlt, und wir wären vom flachen Boot ins Wasser gespült worden.

»Jetzt binden wir uns mit einem Bauchgurt fest und versuchen, den Bug der Jangada in Richtung der Wellen zu halten!«

Ich befolgte die Anweisungen des Alten, aber ich hatte nicht mehr die geringste Hoffnung, dass wir mit dem Leben davonkommen würden.

»Und was machen wir nun?«, fragte ich schließlich.

»Warten«, antwortete er.

»Aber wir werden umkommen! Wie kannst du nur so ruhig bleiben?«

»Was wir zu tun hatten, haben wir getan. Es nützt nichts zu verzweifeln. Wenn wir sterben müssen, dann sterben wir – ruhig oder aufgeregt. Verzweiflung hilft da überhaupt nichts. Aber in Ruhe können wir entscheiden und etwas tun, und so haben wir eine viel größere Chance zu überleben.«

Kurz darauf ließ der Wind nach, das Unwetter flaute ab. Die Wellen legten sich, und der Himmel blieb grau von schweren Wolken. Das Segel wurde wieder gesetzt, die schwache Brise füllte es kaum, und die Jangada bewegte sich nur langsam. Der Alte richtete den Bug des Bootes in Richtung Strand, zurrte das Ruder fest und machte es sich auf der Bank bequem. Ich setzte mich auf den Boden ihm gegenüber.

»Und jetzt Windstille, wie sollen wir da zurückkommen?«, fragte ich.

»Wir brauchen nur Geduld. Sicher kehren wir später zurück, aber wir kehren zurück. Bist du noch besorgt?«

»Sollte ich denn nicht?«

»Ich will nicht sagen, dass du keine Angst verspüren sollst, aber du solltest sie beherrschen und nicht sie dich.«

»Wie kann ich sie beherrschen?«

»Indem du dich der Situation stellst, die sie verursacht.«

»Kann man sich einer gefährlichen Situation stellen, dabei Angst haben und äußerlich mutig erscheinen?«

»Mut ist Beherrschung der Angst und nicht ihre Abwesenheit.«

»Also hattest Du auch Angst während des Sturmes?«

»Ja.«

Wir lachten.

»Du weißt sehr wohl, dass Du auf Deinen Fahrten auf dem Meer umkommen könntest. Hast Du denn keine Angst vor dem Tod?«, fragte ich.

»Als ich jung war, habe ich viel getaucht und unter Wasser gejagt. Auf dem Meeresboden gibt es ungezählte Schönheiten, aber auch erheblich mehr Gefahren als an der Oberfläche. Nachdem ich die Gefahren der Unterwasserwelt gemeistert hatte, lernte ich, die der Oberfläche gering zu achten. Und genauso lernte ich, nachdem ich in mein Inneres getaucht war, die äußeren Gefahren zu verachten, den Tod eingeschlossen.«

Eine Weile blieben wir still. Ich sah ihn nachdenklich an – wie seltsam dieser Mann doch war. Dann stellte ich ihm eine andere Frage:

»Mein Alter, hast Du keine Angst vor den Menschen, von denen Du Dich entfernt hast?«

»Ich habe Angst vor Menschen, die Angst vor sich selbst haben.«

»Angst vor sich selber?«

»Was bringt denn so viele Menschen auf die Flucht vor sich, wenn nicht die Angst, die sie vor sich selber verspüren?«

»Erkennt man denn Menschen, die vor sich selbst fliehen?«, fragte ich.

»Ja, sie widmen sich mehr dem Äußeren, der Nicht-Ich-Welt, dem Wissen und den Aktivitäten, die fern von ihrem Selbst liegen.«

»Und warum fürchten sie sich vor sich selber?«

»Weil sie sich nicht kennen. Sie sind sich fremd und vielleicht auch allen anderen, denn wer sich nicht kennt, der gibt sich auch nicht zu erkennen. Und alles Unbekannte verursacht Angst, das ist der Grund, warum ich sie fürchte.«

»Aber wie können sie sich kennen lernen, wenn ihre Angst eine Annäherung an sich selbst verhindert?«

»Wenn dich etwas bedroht, hast du Angst. Dies kann zu zwei Arten von Reaktion führen: Flucht oder Angriff. Wenn du fliehst, wendest du dem Teufel den Rücken zu, und die Angst wird ihn dir noch größer und schrecklicher vorkommen lassen, als er ist. Wenn du ihm aber mutig entgegentrittst, wirst du bemerken, dass er vielleicht gar nicht so gefährlich ist, wie er dir erschien.«

»Angst schafft uns manches Hemmnis, nicht wahr?«

»Aus Angst unterlässt du vieles. Die Menschen fürchten immer Veränderungen und Neuigkeiten, und oftmals ziehen sie es vor, in der herkömmlichen Weise fortzufahren, auch wenn sie unangenehm ist, als eine Änderung hinzunehmen aus Angst, dies könnte ihre Sicherheit beeinträchtigen. Aber wenn du fühlst, dass etwas in deinem Leben verändert oder errungen werden muss, dann lasse dich nicht von Angst beherrschen. Tue einfach, was du glaubst, tun zu müssen. Und wenn etwas falsch war, dann richte es hinterher.«

»Mein Alter, weißt Du, trotz der Gefahren, die ich heute durchlebte, bereue ich nicht, mit Dir hinausgefahren zu sein. Von jetzt an werde ich keine Angst mehr haben, aufs Meer zu fahren, wenn sich wieder die Gelegenheit ergibt.«

»Wenn du wieder mit mir zum Fischen ausfahren willst, brauchst du nur zu kommen.«

Das Ufer kam schon näher, und ich änderte den Kurs des Gespräches:

»Wir sind bald da, nicht wahr?«

»Wenn die Windstille nicht gewesen wäre, wären wir schon am Strand. Zum Glück hatten wir uns nicht weit von der Küste entfernt.«

»Heute Nacht wird wohl ein großes Unwetter herunterkommen.«

»Bestimmt.«

»Da wäre ich gerne an einem sicheren Ort.«

Der Alte lächelte, aber er sagte nichts. Ich lehnte mich an den Fischkorb und schloss die Augen. Wenig später war ich halb eingeschlummert, als er mich rief: »Wach auf, wir sind da.«

Als wir auf den Strand liefen, holte ich die Palmenstücke, und wir zogen die Jangada nach oben.

Der Alte nahm sein Angelzeug und lud mich ein, mit ihm zu Mittag zu essen. Danach ruhten wir ein wenig und unterhielten uns über die Ereignisse des Morgens. Später kehrte ich nach Hause zurück, nicht ohne versprochen zu haben, am folgenden Tag wiederzukommen.

Schön und hässlich

Der Himmel blieb bewölkt bis zum Abend, und während der Nacht stürmte ein heftiges Unwetter über den einsamen Strand. Trotzdem schlief ich ruhig.

Gegen Morgen trat ich auf die Terrasse und sah zum Strand. Es regnete nicht mehr trotz des grauen Himmels, und das Meer war von einem sehr blassen Grün; die Sonne zeigte sich noch nicht.

Ich ging zum Strand und begann den schon gewohnten Weg. Ich werde bis zum Alten gehen, dachte ich, denn bei dem schlechten Wetter wird er nicht zum Fischen gefahren sein. Ich hatte fast richtig vermutet, denn bald sah ich ihn mit Fischkorb und Wurfnetz auf der Schulter am Strand in meiner Richtung kommen.

»Guten Morgen, mein Alter.«

»Guten Morgen, junger Freund. Gehst du spazieren?«

»Ich komme zu Dir.«

»Lass uns zur Hütte gehen und einen Kaffee trinken.«

»Der Tag ist zwar hässlich, aber ich sehe, Du gehst trotzdem zum Fischen. Hast Du etwas gefangen?«

»Ein halbes Dutzend Saúnas[4]. Das gibt schon ein Mittagessen, aber ... warum sagst du, der Tag sei hässlich?«

[4] »saúnas«: kleine, sehr schmackhafte Speisefische.

»Ist er es etwa nicht?«

»Ich würde sagen, der Tag ist regnerisch, aber er ist nicht hässlich.«

»Vorgestern war es schöner.«

»Es war ein genauso schöner Tag wie heute, der Unterschied ist nur, dass es sonnig war.«

»Aber der Tag war viel heller und fröhlicher, die Farben klarer und strahlender.«

»Er war schöner, weil er heller war? Und die Magie der Dämmerung, das schwindende Licht, das vom Nahen des nächtlichen Dunkels kündet? Er war schöner, weil er fröhlicher war? Ist nicht manch trauriger Moment sublimer als manch froher? Schöner, weil die Farben klar und strahlend waren? Wie viele Künstler bringen nichts Rechtes zustande, weil sie auf die Leinwand klare und strahlende Farben unglücklich vereinen, während andere große Erfolge ernten mit ihren Landschaften in blassen, leblosen Farben.«

»Also gibt es keinen hässlichen Tag?«

»Es gibt überhaupt nichts Hässliches.«

»Aber es gibt doch Dinge, die finde ich einfach schön, und andere sind ohne jeden Zweifel hässlich.«

»Andere Menschen haben die gleiche Meinung bezüglich derselben Dinge?«, fragte er.

»Manchmal nein.«

»Na also, die Dinge an sich sind weder schön noch hässlich.«

»Aber manche Sachen und auch Menschen gelten doch eindeutig als schön.«

»Es gibt Dinge mit einer Zusammenstellung von Eigenschaften, die der ästhetischen Norm einer bestimmten Gegend und Zeit entsprechen, also gelten sie als schön.«

Schweigend gingen wir bis zur Hütte.

Der Alte setzte Wasser auf, und ich half, die Fische auszunehmen. Als der Kaffee fertig war, setzten wir uns an den Tisch und redeten weiter.

»Mein Alter, bei dem, worüber wir vorhin gesprochen haben, lässt mir eine Sache keine Ruhe.«

»Welche?«

»Ich habe viele Frauen gesehen, die große Erfolge hatten, weil sie bekannt für ihre Schönheit sind, während andere nicht mal einen Freund abbekamen, weil sie von der Natur wenig begünstigt wurden. Zeigt das nicht, dass es zumindest bei den Menschen eine Unterscheidung bezüglich der Schönheit gibt?«

Der Alte lachte. Er strich sich durch den Bart, besann sich eine Weile und antwortete dann:

»Es stimmt, es gibt Menschen mit einer bewundernswerten Harmonie der Formen, aber das ist noch keine Schönheit. Wer nicht den Sinn für das Schöne, das Empfinden des Schonen in sich hat, der wird sie nirgendwo sehen.«

»Und wenn ich eine Sache als schön empfinde, heißt das, dass die Schönheit in mir selbst liegt?«

»Genau das.«

»Aber ich empfinde die Schönheit in der Sache oder der Person, die ich sehe, und nicht in mir.«

»Sieh mal, wenn etwas dich beeindruckt, dann projizierst du in irgendeiner Form etwas von dir in dieses Etwas.«

»Jetzt wird es kompliziert …«

»Stelle dir vor, es dämmert. Hättest du nicht den Sinn für das Schöne in dir, du sähst das schwindende Licht der untergehenden Sonne, verschiedene Farbtönungen der Strahlen verwoben mit verschiedenen Formen der Wolken. Die Dämmerung wäre tatsächlich nicht mehr als das; nicht schöner und nicht hässlicher. Nur eine Zusammenstellung von Farben und Formen. Aber wenn all das dein Gefühl berührt, dann kommt noch etwas anderes hinzu, und das ist die Schönheit.«

»Aber was ist denn nun Schönheit?«

»Es ist eine Qualität des Seins. Es ist kein Gefühl, obwohl man dadurch beeinflusst werden kann. Man könnte es ein Mittel nennen, einen anderen anzunehmen.«

»Wie?«

»Wenn du meinst, jemand sei schön, so zeigt das, dass du ihn anerkannt hast. Mit anderen Worten, es fand eine Annäherung deines Selbst an das des anderen statt. Hast du den anderen nicht akzeptiert, so weist du ihn zurück und sagst, er sei hässlich.«

»Mein Alter, was die Frauen anbetrifft, da gibt es wunderschöne, die uns nicht gefallen, während andere hässlich sind und uns anziehen. Widerspricht das nicht dem, was du sagtest?«

»Aber im Gegenteil, es bestätigt doch nur, dass es einen Unterschied gibt zwischen dem, was ich Harmonie der Formen nannte, und der wahren Schönheit. Das ist wie mit dem Glück. Wenn du die Schönheit in deinem Inneren bewahrst, wird sie ausstrahlen und alles, auch dein Äußeres veredeln.«

»Die Schönheit, von der Du sprichst, ist das nicht die Sympathie?«

»Schönheit existiert nicht unabhängig von anderen Merkmalen. Wer sympathisch ist, ist auch schön; aber Sympathie ist nicht dasselbe wie Schönheit. Jemand, der gut ist, ist auch schön, aber Güte ist nicht Schönheit. Der Altruist ist schön, aber Altruismus ist nicht Schönheit. Der Optimist ist schön, der Glaubwürdige, der Ehrliche, der Romantische, der Glückliche – sie alle sind schön, aber Optimismus, Glaubwürdigkeit, Ehrlichkeit, Romantik und Glück sind nicht gleichbedeutend mit Schönheit. Jedoch, fehlen bei jemandem die Mehrzahl dieser Eigenschaften, so kann man sicher sein, dass auch die Schönheit fehlt.«

»Mein Alter, die Unterhaltung ist angenehm und der Kaffee gut, aber ich werde heute früh zurückkehren, denn ich möchte nicht vom Regen überrascht werden, fern von zu Haus.«

»Wirst du nicht wenigstens zum Mittagessen bleiben?«

»Vielen Dank, ich möchte lieber gehen.«

»Nun gut, ich begleite dich bis zum Strand.«

Und der Alte ging mit mir bis zu unserer Palme, nahe

der wir uns kennen gelernt hatten, und wir verabschiedeten uns.

Ich verbrachte den Nachmittag im Haus und las irgendetwas. Abends regnete es wieder heftig, und ich ging früh zu Bett.

Als ich gegen Morgengrauen aufwachte und die Fenster öffnete, war es immer noch regnerisch, aber ich spürte, dass der Tag anders war. Der Himmel war grau, von einem fast blendenden Grau, das sich blass in der Oberfläche des Meeres spiegelte, einem immensen Spiegel gleich, eingebettet zwischen Strand und Riff.

Für einige Momente blieb ich völlig versunken in diese Landschaft, als nähme ich sie zum ersten Mal wahr. Die Schönheit des Meeres und des Himmels, die Schönheit in mir – wie es der Alte gesagt hatte.

Fantasie und Realität

Später am Tag hellte es auf, und am Nachmittag glänzte die Sonne majestätisch am Blau des Himmels.

Wieder ging ich los, den Alten zu treffen, und fand ihn im Schatten unserer Palme. Ich setzte mich an seine Seite, nachdem wir uns begrüßt hatten.

»Wie hast du die Nacht verbracht?«, fragte er.

»Gut ...«

»Und was hältst du vom heutigen Tag?«

»Er ist schön – und nicht erst jetzt, weil er sonnig geworden ist, sondern schon seit heute Morgen, als er noch trübe war.«

»Aha!«, lächelte er.

»Ich habe schon verstanden, was Du sagen wolltest, aber ich habe die Schönheit immer in einer mehr irrealen Weise betrachtet.«

»Warum mehr irreal?«

»Mehr im Sinne einer Qualität, die ich dem betrachteten Objekt verleihe, und weniger als eine dem Objekt selbst innewohnende Eigenschaft. Also musste die Schönheit eine Illusion sein, eine Einbildung.«

»Du willst sagen, die objektiven Dinge sind realer als die subjektiven?«

»Und was meinst Du?«, fragte ich.

»Ich meine, dass deine Realitäten nicht wirklicher sind als deine Fantasien und deine Einbildungen nicht trügerischer als deine Wirklichkeiten.«

»Ja, aber das Meer hier vor uns ist real, alle können es sehen, wie ich es sehe, seine Nässe auf der Haut spüren und das Rauschen der Brandung hören, genau wie ich. Was sollte am Meer Einbildung sein? Und anders: Wenn ich in meiner Fantasie ein Meer schaffe, dann kann nur ich es sehen, fühlen, hören, niemand sonst. Wie sollte dieses Meer dann real sein?«

»Hör zu. Es gibt keine realen und irrealen Dinge. Es gibt vielmehr so viele Realitäten, wie es beobachtende Personen gibt. Auch ich habe keinen Zweifel, dass das Meer hier vor uns von realer Existenz ist, aber es hat seine eigene Wirklichkeit, und diese ist eine andere als diejenige, wie sie sich für mich oder für dich darstellt. Jedes Ding verkörpert eine für jeden Menschen unterschiedliche Wirklichkeit. Du hältst für real, was dein äußeres, objektives Leben anbetrifft, aber deine Fantasien offenbaren viel mehr von deinem subjektiven, inneren Leben.«

»Somit sind Fantasien wichtiger als Dinge realer Existenz?«

»Nein, beide sind gleich wichtig innerhalb einer größeren Realität.«

»Wenn ich das Meer wahrnehme, dann erlebe ich eine Realität, die zugleich objektiv und subjektiv ist?«

»Beantworte mir eine Frage: Welche Farbe hat das Meer?«

»Es ist grün.«

»Es ist weder grün noch von irgendeiner anderen Farbe. Das Grün, das du wahrnimmst, ist lediglich eine Interpretation deines Gehirns, wenn bestimmte Frequenzen der Lichtwellen bestimmte Teile deines Auges und des Nervensystems stimulieren. Die Farbe Grün hingegen ist ein Attribut, das du dem Meer verleihst, nicht aber seine Eigenschaft. Und nichts kann beweisen, dass das Grün, das ich wahrnehme, das gleiche ist, wie das, das du wahrnimmst.«

»Gilt das auch in Bezug auf Menschen?«

»Natürlich. Genau das ist häufig der Grund dafür, dass dir jemand eine Enttäuschung oder eine angenehme Überraschung bereitet. Wenn du einen Menschen kennen lernst, so projizierst du in ihn unterbewusst eine Vielzahl von Stärken und Fehlern, und später stellst du fest, dass er nichts davon hat.«

»Und das Meer, das ich in meiner Vorstellung schuf, was ist daran real?«

»Deine Vorstellungskraft kann noch so groß sein, erschaffen kannst du nichts. Was immer du dir vorstellst, es wird – auch wenn es dem in nichts ahnelt – stets eine Kombination von verschiedenen Bildern von Dingen sein, die eine objektive Existenz haben, oder ›real‹ sind, wie du es nennst, Dinge, die du irgendwann einmal wahrgenommen hast.«

»Mein Alter, was wäre ideal: mehr in der Fantasie oder mehr in der Realität zu leben?«

»Kein Extrem ist ideal. Richtest du dein Leben nach der Realität aus, so wirst du dich von dir selbst entfernen, sobald dein wahres Ich hinter Äußerlichkeiten verschleiert wird. Du wirst deine eigenen Ziele aus den Augen verlieren und wirst dich von Ereignissen leiten lassen, anstatt sie zu lenken, wie ein treibendes Boot inmitten eines Flusses. Und wenn du dich zu sehr an deine Fantasien klammerst, dann schaffst du dir eine eigene innere Welt, die von der äußeren immer verschiedener wird und in den Wahnsinn mündet. Das Ideal ist, ein Gleichgewicht zwischen den beiden zu suchen.«

»Wie soll dieses Gleichgewicht sein?«

»Du akzeptierst oder unterwirfst dich häufig gewissen ›Zwängen der Realität‹, weil sie der Schicklichkeit dienen, nicht aber, weil sie einen wirklichen Wert für dich selbst haben. Denn sie sind fern deiner Ziele. Und genauso häufig hegst du Fantasien, die zwar ein emotionelles Gleichgewicht in dir bewirken, aber du empfindest sie wie einen Köder, denn sie haben keinen Ausdruck in der realen Welt. Der Idealzustand, das Gleichgewicht, gelingt dann, wenn deine Fantasien einen Ausdruck in der realen Welt finden können.«

»Und das hältst Du für möglich?«

»Alles, was in der realen Welt von Menschen geschaffen wurde, war zunächst nur Idee. Bevor das erste Flugzeug gebaut wurde, hatte man vom Fliegen geträumt. Gäbe es die Träume nicht, wäre die so genannte Zivilisation nie dort angelangt, wo sie heute ist.«

»Mein Alter, wenn Du Dich so von der Welt zurückziehst, klammerst Du Dich dann nicht zu sehr an die Fantasie?«

»Das ist völlig logisch, und ich gebe zu, es muss so erscheinen. Aber trotzdem ist es eine Suche nach dem Gleichgewicht, denn zuvor war ich Sklave der objektiven Welt, und zum Ausgleich versuche ich jetzt eingetaucht in meine Träume zu leben. Du musst eine Sache verstehen: Welchen Weg die Menschen verfolgen, ist nicht von Bedeutung, wenn das Ziel nur die Selbsterkenntnis ist.«

Ich reckte mich, stand auf und sagte zum Alten im Stehen:

»Der Tag ist so schön und unsere Unterhaltung ist gut, aber für heute werde ich mich verabschieden.«

»So früh schon?«

»Ja, ich muss einige Dinge aufräumen, aber morgen komme ich zurück, wie immer.«

»Dann bis morgen, mein junger Freund.«

»Bis morgen.«

Gesundheit und Krankheit

Ein weiterer Tag verging. Am folgenden Nachmittag fand ich mich wieder im Gespräch mit dem Alten, und ich erinnere mich, dass ich ihn fragte:

»Mein Alter, hast Du gestern nicht gesagt, vor der Realität zu fliehen, sei Verrücktheit?«

»Allgemein hält man jemanden, der sich vor der realen Welt verschließt und eine eigene, andersartige Welt schafft, für geistig nicht gesund.«

»Müsste man Dich nicht auch für geisteskrank halten?«

»Man könnte mich verrückt heißen, denn all das, was die Normalität übersteigt, hält man für anormal. Das Interessante daran ist aber, dass viele der so genannten Verrückten sich nicht als solche empfinden und dass sie sich in ihrer Situation offensichtlich wohl fühlen. Genauso ist es mit denen, die im anderen Extrem leben, die mit der Realität verflochten sind, auch sie halten sich nicht für unnormal. Wären nun diejenigen, die in der Welt der Fantasie leben, in der Überzahl, hielte man die ›Realisten‹ dann noch für normal?«

»Heißt das, dass es Geisteskrankheiten nicht gibt?«

»Absolut gesehen gibt es überhaupt keine Krankheiten, weder körperlich noch geistig.«

»Nein, mein Alter«, widersprach ich, »ich habe doch schon viele Kranke gesehen, und ich war auch selber schon krank. Die Krankheiten existieren und sind sehr real.«

»Du hast mich nicht richtig verstanden. Krankheit ist ein rein relativer Zustand.«

»Wie das?«

»Hast du von der Sichelzellanämie gehört?«

»Nein.«

»Es gibt Menschen, deren rote Blutkörperchen eine andere Art von rotem Blutfarbstoff, dem Hämoglobin, haben. Man nennt es Hämoglobin-S. Wenn die Sauerstoffzufuhr vermindert wird, kristallisiert das Hämoglobin-S im Inneren der Zelle, und das rote Blutkörperchen verformt sich sichelförmig. Die Zellmembran wird brüchig, und es resultiert eine heftige Blutarmut, eine Anämie. Besteht aber kein Sauerstoffmangel, so bleibt der Mensch beschwerdefrei, wie es bei großen Teilen der schwarzen Bevölkerung Westafrikas der Fall ist. Die Krankheit ist also mehr ein Nichtangepasstsein an die Umwelt als ein dem Individuum innewohnender Umstand.«

»Und die Infektionskrankheiten, sind sie auch ein Nichtangepasstsein an die Umwelt? Wird diese Art von Krankheit nicht in jeder Klinik für eine Krankheit gehalten?«

»Man kann sagen, ein Organismus versucht sich hier an eine neue Situation zu gewöhnen, oder an die Anwesenheit anderer Organismen.«

»Ja, was ist dann Krankheit?«

»Krankheit ist ein Zustand des Ungleichgewichts zwischen einem Wesen und seiner Umwelt.«

»Und was führt zu diesem Ungleichgewicht?«

»Sieh mal, niemand lebt unabhängig von seiner Umwelt. Das Sein des Menschen hängt von dem Verhältnis ab, das dieser zu seiner Umwelt hat. Er beeinflusst sie gleichermaßen, wie er von ihr beeinflusst wird, beide bilden ein gemeinsames Ganzes. Umwelt ist sowohl die physische als auch die soziale Umgebung. Findet nun eine Veränderung in einem der beiden Teile des gemeinsamen Ganzen statt, so bildet sich ein Ungleichgewicht, und der andere Teil muss sich ändern, um von neuem ein Gleichgewicht zu erreichen. Findet dies aber nicht oder unzureichend statt, so bleibt das Ungleichgewicht und wird zur Krankheit.«

»Kannst Du ein Beispiel nennen?«

»Wenn es durch schlechtes Wetter zu einem Abfall der Temperatur kommt, verstärken sich die Abwehrkräfte des Menschen, denn die Viren vermehren sich schneller. Wenn das Immunsystem also richtig aktiviert wurde, wird man nichts spüren oder höchstens einige Symptome, wenn das Gleichgewicht noch nicht erreicht wurde. Wird die Abwehr aber nicht aktiviert, entsteht daraus eine Erkältung oder eine Grippe, die sich dazu durch einen bakteriellen Infekt komplizieren kann.«

»Kann denn eine geistige Verwirrung durch eine Umweltveränderung entstehen?«

»Der Tod eines geliebten Angehörigen zum Beispiel kann das Gefühl eines großen Verlustes verursachen; wenn du dich mit der verlorenen Person identifizierst, ist es, als wenn du selbst gestorben wärest, was zu einem Krankheitsbild führt, das gemeinhin als Melancholie bekannt ist.«

»Liegen die Ursachen für die Erkrankungen mehr im Individuum oder mehr in der Umwelt?«

»Auch wenn viele Menschen anders denken, so ist es in den meisten Fällen doch das Individuum selbst, das die Erkrankung begünstigt.«

»Sind die Menschen sich dessen bewusst?«

»Sicherlich nicht; denn wären sie es, sie würden es vermeiden.«

»Was geschieht denn eigentlich bei einer Erkrankung?«

»Der Körper ist wie ein Spiegel, in dem sich die Bilder des Geistes reflektieren. Diese Bilder des Geistes sind die Gedanken und die Gefühle, die miteinander verbunden sind. Sind die Emotionen positiv, bewahren die Organe ihre Funktion und arbeiten harmonisch, also in einer gesunden Weise für das Individuum. Sind die Emotionen aber negativ, entsteht ein disharmonischer Zustand, der sich als organische Störung manifestiert.«

»Und warum sind die Menschen sich dieses Mechanismus nicht bewusst?«

»Weil es leichter ist, Kopfschmerzen oder Sodbrennen zu akzeptieren, als Sorge, Fieber statt brennenden Hass,

Bluthochdruck statt unkontrollierte Wut, weil es leichter ist, von Krebsgeschwüren zerfressen zu werden, als von Stolz, Neid, Eifersucht oder Egoismus.«

»Heißt das, die Emotionen bewirken körperliche Krankheiten?«

»Diese Einteilung in seelische und organische Erkrankungen ist viel zu förmlich. Niemand wird nur an der Seele oder nur körperlich krank, denn beide sind aufs Innigste miteinander verbunden und beeinflussen sich gegenseitig, beide bilden eine Einheit.«

»Was kann ich tun, um mich gesund zu erhalten?«

»Viele Menschen treiben Sport, halten eine Diät ein, achten auf Hygiene und glauben, diese Sorge um den Körper führe zu Gesundheit. Andere achten auf ihren Schlaf, betreiben angenehme Hobbys, widmen sich der Kunst, suchen sich aller Sorgen zu entledigen, denn sie meinen, das psychologische Wohlbefinden verleihe ihnen Gesundheit. Wieder andere kümmern sich nicht um sich selbst, sondern leben nach außen, streiten und vergewaltigen ihre Umwelt für ihre eigenen Wünsche und Bedürfnisse und um ihrer Bequemlichkeit willen oder um ihren sozialen Stand zu erhöhen – im Glauben, sie lebten gesund.

Um aber den Zustand idealer Gesundheit zu erreichen, musst du versuchen, ein Gleichgewicht herzustellen zwischen deinem Geist, deinem Körper und der Welt, in der du lebst. Kultiviere die positiven Gedanken und die angenehmen Gefühle; suche immer etwas Neues zu lernen; sei schöpferisch: Widme dich Dingen, die dir das Gefühl geben, nützlich zu sein; treibe Sport; halte Maß in allen Dingen, nähre die Liebe und die Freundschaft; wenn du kannst, sorge dafür, dass deine Umwelt angenehmer wird, und wenn du dies nicht kannst, so ändere deine Einstellung zu ihr. Kurz gesagt, versuche dich mit dir selbst in Harmonie zu bringen und mit der Welt um dich herum, denn so werden auch die Organe deines Körpers harmonisch arbeiten, und Gesundheit und Wohlbefinden sind dir für immer sicher.«

An diesem Punkt beschlossen wir den Nachmittag, und ich kehrte zum Dorf zurück. Ich ging am Strand, dort, wo der Sand nass von der Brandung war. Ich ging und dachte, dass der Alte Recht haben müsse, Krankheit ist eine Frage der Relativität. Er selbst schien völlig gesund, abgesehen von der Art, wie er lebte. Vielleicht war er auch verrückt, und wenn ich ihm glaubte, dann wäre auch ich verrückt. Aber lange grübelte ich darüber nicht nach.

Gut und Schlecht

Am folgenden Nachmittag kehrte ich wieder zu dem Alten zurück. Er saß an die Palme gelehnt und sah wie immer auf das Meer, und ich ging durch die Palmen auf ihn zu.

Plötzlich spürte ich einen brennenden Schmerz an der rechten Wade, als wenn mich ein Insekt gestochen hätte. Als ich mich umdrehte, sah ich den Schwanz einer Schlange in einem Haufen trockener Palmblätter verschwinden, und ich schrie:

»Verdammt!«

»Was ist geschehen?«, rief der Alte erschrocken.

»Ich bin von einer Schlange gebissen worden.«

»Lass mal sehen«, sagte der Alte und kam herbei.

»Erschlag das Mistvieh!«, rief ich.

Der Alte bückte sich, scheinbar ohne auf mich zu achten, und begann mit dem Mund das Gift aus meinem Bein zu saugen. Dann nahm er sein Halstuch und band das Bein ab. »Lockere das ab und zu, um die Blutzirkulation nicht ganz aufzuheben«, sagte der Alte.

»Und was soll ich jetzt machen?«

»Ich bringe dich zum Dorf. Dort finden wir jemanden, der dich ins nächste Krankenhaus fährt, damit du das Gegengift bekommst. Bleib hier sitzen und beweg dich nicht, ich gehe zur Hütte und hole das Ruder.«

Damit ging er und kam nach wenigen Minuten zurück mit dem Ruder auf der Schulter. Er brachte die Jangada zu Wasser und hieß mich aufsteigen. Nach einigen Ruderschlägen setzte er das Segel und fuhr dem Strand entlang in Richtung Dorf.

»Warum hast Du die Schlange nicht erschlagen? Hattest Du vielleicht Angst?«, fragte ich den Alten.

»Warum sollte ich sie töten?«

»Schlangen sind verdammte Biester, giftig und bösartig.«

»Schlangen sind Tiere wie andere auch. Ihr Gift ist nur Verteidigung gegen Gefahren. Sicher bist du gebissen worden, weil sie sich bedroht gefühlt hat.«

»Die Schlangen haben ihr Gift, um es in Tiere und Menschen zu spritzen. Das Gift ist etwas Schlechtes und dürfte nicht existieren.«

»Das Gegenserum hebt die Wirkung des Schlangengiftes auf, also muss es etwas Gutes sein. Das Serum wäre indessen ohne Sinn, gäbe es das Gift nicht.«

»Willst Du sagen, das Schlechte sei notwendig für das Gute?«

»Gut und Schlecht sind reine Begriffe, denn im Grunde sind die Dinge weder gut noch schlecht. Für dich ist das Gift der Schlange etwas Böses, aber für die Schlange selbst ist es etwas, das ihr Überleben sichert.«

»Wenn Gut und Schlecht lediglich Begriffe sind, warum hält man dann bestimmte Personen für gut und andere für schlecht?«

»Die Rose ist zart, duftend und vollendet schön, aber sie hat Dornen. Menschen sind wie Rosen: Ergreifst du sie, spürst du die Dornen, betrachtest du die Blütenkrone, so siehst du die Schönheit. Jeder trägt in sich den Samen von Gut und Böse. Du beurteilst jemanden als gut, wenn er analog zu deiner Denkweise handelt. Unvollkommenheiten haben wir alle, und gerade diese machen den Unterschied zwischen den Menschen.«

»Also ist Unvollkommenheit nichts Schlechtes?«

»Schlecht ist mehr eine Frage der Quantität als der Qualität.«

»Wie das?«

»Ich will damit sagen, dass etwas, was man für Unvollkommenheit hält, sehr wohl gut sein kann, und etwas Gutes schlecht; es hängt von der Intensität ab, mit der es sich darstellt.«

»Gestern hast Du über die Krankheit geredet, seine Ursachen und die Wege, sie zu vermeiden. Sollte auch Krankheit nicht etwas Schlechtes sein?«

»Wenn du von einer Krankheit befallen wirst, so empfindet du sie infolge des Leidens, das sie dir bringt, als etwas Schlechtes. Aber Krankheit ist ein Alarmzeichen, dass in deinem Leben etwas fehlläuft. Bereitete Krankheit Vergnügen, so bemühte sich niemand, die störende Ursache zu beseitigen. Schmerz ist ein Hinweis auf einen Fehlzustand deines Körpers. Häufige Verdauungsstörungen weisen auf falsche Ernährung hin, Magengeschwüre auf starke und unnötige Sorgen und so fort.«

»Aber der Egoismus, den Du schon so häufig verurteilt hast, hältst Du ihn nicht für etwas Schlechtes?«

»Hättest du nicht ein wenig Egoismus, wie schnell wärest du von den anderen betrogen, wenn sie ihre Vorteile aus dir ziehen, und wenn sie dich benutzen, um Ziele zu erreichen, die letztlich keinen Vorteil für dich haben«.

»Und der Ehrgeiz – eine Wohltat?«

»Erinnere dich, dass ich den übermäßigen Ehrgeiz verurteilt habe. Hättest du aber überhaupt keinen Ehrgeiz, würdest du nie erreichen, was du willst, und hättest auch keinen beruflichen Erfolg und somit keinen Zugang zu materiellen Gütern, die zu deinem Wohlbefinden mit beitragen. Du hättest nicht die notwendige Motivation, um zu handeln und um deine persönliche Verwirklichung zu erreichen.«

»Und der Stolz, wie kann er etwas Gutes sein?«

»Der Stolz ist das Gefühl, das dich vor den Menschen und vor der Welt aufwertet. Im Übermaß trennt er dich von den anderen Menschen, aber erinnere dich auch, dass du in dem Maß von anderen geschätzt wirst, wie du dich selbst achtest.«

»Und die Eifersucht?«

»Bedenke, dass die Eifersucht die Sorge um etwas ist, was du liebst. Bist du jemandem zugetan, so wird diese Liebe stets von einem Gefühl der Hingabe begleitet, des Schutzes und des Bewachens dessen, was zumindest in deiner Fantasie dir gehört. Die Eifersucht im Exzess wird zum Übel, weil sie unterdrückt und den krank macht, der sie empfindet.«

»Und Neid, Angst, Hass?«

»Erkenne eines: Die guten Eigenschaften anderer besitzen zu wollen, wird dein eigenes Ich verbessern, und in diesem Sinn hat der Neid etwas Gutes. Schlecht wird der Neid, wenn er angesichts geneideter Vorzüge zu Missgunst und Wut führt, aber nicht zu eigener Anstrengung, um jene Vorzüge zu erlangen.

Angst wird immer negativ betrachtet, denn es ist ein unangenehmes Gefühl. Aber sie ist Ausdruck des eigenen Überlebensinstinktes, sie mobilisiert die Reaktionen von Angriff und Verteidigung. Spürten wir niemals Angst, würden wir vielleicht schon nicht mehr leben, denn fürchteten wir den Tod nicht, so würden wir nicht auf unser Leben achten. Schlecht wird die Angst dann, wenn sie dich beherrscht und dich starr macht, deinem Willen zuwider läuft und den freien Lauf deines Lebens beeinträchtigt.

Und der Hass, er ist das Spiegelbild der Liebe: gleich, aber umgekehrt. Betrübe dich nicht, wenn du dich von einigen Leuten gehasst fühlst, denn dies bedeutet, dass du gleichermaßen von anderen geliebt wirst. Was den Hass weckt, weckt auch die Liebe. Wirst du wegen deiner Fehler gehasst, so bringt dich dies dazu, sie zu korrigieren. Wirst du wegen deiner Qualitäten gehasst, so ist es, als würdest du gelobt.«

»Mein Alter, jetzt sag mir eines: Kann die Liebe auch etwas Schlechtes sein?«

»Sich zu mäßigen, ist in allen Dingen angebracht, hältst du sie nun für gut oder für schlecht. Sogar lieben sollen wir mit Maß, damit wir nicht unseren Stolz und unsere Selbstachtung verlieren, den Lebenssinn und den Kontakt zur Wirklichkeit, und damit wir nicht anderes vernachlässigen, was für das Leben auch wichtig ist und dazu beiträgt, unser Glück zu verwirklichen.«

»Irren die Menschen, weil sie Gut und Schlecht verwechseln?«

»Die Menschen irren fast immer, nicht weil sie bewusst falsch handeln, sondern weil sie meinen, sie täten das Richtige, oder weil sie glauben, dass sie andere mit dem, was sie tun, mehr beeinflussen als sich selbst.«

»Aber wie kann ich wissen, ob eine Handlung gut oder schlecht ist?«, beharrte ich.

»Ein gutes Mittel, dies zu prüfen, ist die Rückwirkung auf den Handelnden selbst.«

»Das heißt, dass das Problem von Gut und Schlecht mehr in den Personen selbst liegt als in den Dingen?«

»Die Vorstellung von Gut und Schlecht liegt als Idee im Bewusstsein eines jeden Menschen, somit sind es rein subjektive Begriffe. Lägen Gut und Schlecht in den Dingen an sich, so wären die Begriffe absolut und allgemein gültig.

Betrachtet man aber die Völker mit ihren verschiedenen Verfassungen und Strafrechten, so sieht man, dass es keineswegs eine universelle und allgemeingültige Sicht von Gut und Böse gibt. Dies umso mehr, als sich die Anschauungen hierüber nicht nur örtlich, sondern auch in der Zeit wandeln. Was gestern noch verboten war, kann morgen erlaubt sein und umgekehrt.«

»Also gibt es kein Gut oder Schlecht?«

»Natürlich gibt es sie – in deinem Bewusstsein.«

»Aber wie soll ich wissen, ob ich richtig oder falsch handle?«

»Das hast du mich schon einmal gefragt. Anders geantwortet: Folge der Stimme deines Gewissens.«

»Tat die Schlange das, als sie mich biss?«

»Die Schlange?«

»Ja, folgte sie ihrer inneren Stimme?«

»In gewisser Weise«, antwortete der Greis.

»Folgte sie nicht der Stimme des Instinktes?«

»Der Instinkt ist nichts als eine rudimentäre Form des Gewissens.«

»Weißt Du«, sagte ich, »eigentlich bin ich nicht mehr wütend über die Schlange. Nach allem, was Du gesagt hast, empfinde ich sogar schon Mitleid mit dem Teufel – der Ärmste, so beschimpft zu werden ...«

Der Alte schüttelte den Kopf und lachte: »Rede keinen Unsinn.«

Wenig später rief er: »Sieh, da ist das Dorf.«

Als das Boot den Strand erreichte, kamen einige Fischer und wollten wissen, was geschehen sei. Sie halfen dem Alten, die Jangada auf den Strand zu ziehen und nannten uns einen Dorfbewohner, der ein Mietauto besaß und der mich zum Krankenhaus fahren könne.

Und schon kurz darauf waren wir auf dem Weg zum Hospital, wo ich bleiben sollte, bis das Gift der Schlange aus meinem Körper eliminiert war.

Als ich am nächsten Morgen entlassen wurde, stand der Alte am Eingang und wartete auf mich. Ich war bewegt und dankbar, denn gestern hatte er gesagt, er verlasse das Krankenhaus nur zusammen mit mir, und hatte die ganze Nacht hier verbracht – er hielt tatsächlich, was er versprach. Wir mieteten ein anderes Auto und kehrten zum Dorf zurück. Dort half ich, das Boot wieder ins Wasser zu schieben.

»Kommst du am Nachmittag?«, fragte er.

»Ja, bestimmt. Fährst Du inzwischen zum Fischen?«

»Für heute ist es zu spät.«

»Danke für alles, mein Alter, und entschuldige die Unannehmlichkeiten, die ich Dir bereitet habe.«

»Ich habe nur getan, was zu tun war. Bis später also.«

»Bis später«, und mit langen Ruderschlägen glitt die Jangada auf See.

Reichtum und Armut

Im Verlauf des Vormittags beendete ich einige Schreibarbeiten, die ich zuvor begonnen hatte. Nach dem Mittagessen zündete ich mir eine Pfeife an, setzte mich in den Schatten der Veranda und sah den Fischern zu, die mit ihren Jangadas vom Meer zurückkehrten.

Gedankenverloren saß ich da, als eine wohlbekannte Stimme mich in die Wirklichkeit zurückholte: »Guten Tag, junger Freund.«

»Oh, mein Alter, welch angenehme Überraschung! Setze Dich doch«, und ich holte einen weiteren Stuhl.

»Warum so überrascht?«, fragte er.

»Tja, stets ging Mohammed zum Berg ...«

»Ich hatte Einiges einzukaufen, und außerdem brauchst du noch Ruhe nach dem Unfall von gestern.«

»Setz Dich, komm, lass uns ein wenig reden.«

»Ganz angenehm hier«, bemerkte der Alte und machte es sich auf dem Stuhl bequem.

»Ich bin gerne hier im Sommer, denn ...«

Wir wurden von einem blinden Bettler unterbrochen: »Eine milde Gabe, um Gottes Liebe, eine milde Gabe!«

Ich suchte in meinen Taschen nach etwas Kleingeld; als ich keines fand, antwortete ich: »Tut mir Leid für dieses Mal.«

Der Alte öffnete den Korb, den er bei sich trug, und zog einen Fisch heraus, zerteilte ihn mit dem Messer und legte eine Hälfte in die Hand des Bettlers, der sich bedankte:

»Möge Gott Dir Gesundheit und Glück schenken, Dir und Deiner Familie.«

Und der Alte antwortete gleichmütig: »So soll es sein.«

Als der Bettler gegangen war, wandte ich mich zum Alten und fragte:

»Was hältst du von einem Mann, der einem hungrigen Bettler den womöglich einzigen Fisch gibt, den er hat?«

»Er nützte lediglich dem Egoismus des anderen, denn jetzt wäre er arm und der andere satt. Letztlich hätte sich nichts geändert.«

»Aber wäre es nicht ein wahres Geschenk?«

»Die Geste scheint lobenswert. Doch in Wahrheit gehört der Fisch keinem der beiden; nur durch einen Zufall befindet er sich in der Hand des einen der beiden. Ist es denn nicht ein natürliches Recht, dass dem anderen die Hälfte zufällt?«

»Und wenn er dem anderen nichts gäbe?«

»Damit würde er den anderen unglücklich machen und sich selbst auch, denn, wie ich schon sagte, er würde sich so die Hälfte des Fisches aneignen, die eigentlich für den anderen bestimmt ist.«

»Warum sagst Du, dass sich beide unglücklich fühlen, und nicht nur der Arme?«

»Wer Mangel empfindet, kann nicht glücklich sein. Aber auch der andere wird es nicht sein, denn lediglich keinen Mangel zu haben, ist keine Garantie für Glück. Die besten Sachen sind immer die, die man teilt.«

»Wie kannst Du das sagen, wo Du als Eremit lebst?«

»Ich sagte dir schon einmal, dass ich mich von denjenigen Menschen zurückgezogen habe, die mit niemandem teilen – aber davon nehme ich dich aus.«

»Warum sagst Du das?«

»Weil du der Erste bist, der mir wirklich etwas gegeben hat.«

»Aber ... nie habe ich Dir etwas ...«

»Du denkst an Materielles – da hast du mir nichts gegeben, das ist richtig. Und du könntest mir auch wenig geben, denn nichts in der Welt des Materiellen gehört dir. In deinem Leben stehen dir viele Dinge zur Verfügung, sie zu benutzen, wie du es willst. Aber all diese Dinge, die du deinen Besitz nennst, wechseln Tag für Tag in die Hände anderer oder zerfallen im Laufe der Zeit. Sogar der Körper, von dem du sagst, es sei deiner, wird zu gegebener Zeit an die Erde zurückgegeben werden, von der er kam.«

»Aber was habe ich Dir gegeben, da ich Dir mit meinen Fragen die ganze Zeit über nur die Geduld strapaziert habe? Du – ja, Du hast mir viel gegeben mit Deinen klugen Antworten.«

»Und wie könnte ich kluge Antworten auf mittelmäßige Fragen geben? Viele der Dinge, über die wir reden, ruhen in Wirklichkeit in den Tiefen meines und auch deines Seins, und würdest du nicht fragen, weder du noch ich selbst wären uns dieses Wissens bewusst. Du glaubst, du hättest mir nichts gegeben, weil du keinerlei Verlust verspürtest. Aber das Gefühl des Verlustes ist nur die Spiegelung der Illusion, das verlorene Objekt wirklich besessen zu haben. Ein wahres Geschenk hinterlässt nicht dieses Gefühl des Verlustes, denn es wurde zwar vom anderen empfangen, aber nicht vom Gebenden verloren, denn beide teilen es nunmehr.«

»Sag, mein Alter, Du verachtest das Materielle gründlich, nicht wahr?«

»Ich verachte es nicht, sondern ich gebe ihm den richtigen Wert.«

»Glaubst Du, dass die meisten das Materielle zu hoch schätzen?«

»Das ist der Grund für das Unglücklichsein vieler Menschen.«

»Aber die materiellen Dinge geben uns Komfort, Wohlbefinden und befriedigen viele unserer Bedürfnisse.«

»Richtig, aber trotzdem sammeln viele Menschen weit mehr Güter an, als sie brauchen.«

»Und dann?«

»Der Besitz vieler Dinge hat einzig den Zweck der eigenen Vervielfältigung, wer viel besitzt, benutzt nur den letzten Teil. Und wenn jemand mehr hat, als er braucht, so fehlt es einem anderen. Jeder Überfluss ist die Ursache von Elend.«

»Du bist also gegen den Reichtum?«

»Du hast mich nicht verstanden. Für mich sind Reichtum und Armut Zustände des Geistes. Ich bin gegen raffgierigen Überfluss.«

»Ich glaube, ich habe Dich noch nicht verstanden.«

»Wenn jemand schon mehr als genug hat und immer noch mehr einzusammeln versucht, auch auf Kosten der Ausbeutung anderer, dann wird dies zu Raffgier. Der äußere Anschein ist der des Reichtums, aber der Zustand des Geistes ist der der Armut. Neben einem, der nur das Nötige zum Leben hat, fühlt sich jener trotzdem armselig. Und es gibt andere, die viel weniger besitzen, es aber viel besser zu nutzen wissen – deren Geisteszustand ist Reichtum. Und dann gibt es noch diejenigen, die häufig ohne eigene Schuld nicht einmal das Minimum zum Überleben haben, das sind die wahrhaft Armseligen.«

»Und wen hältst Du für wirklich reich?«

»Den Großzügigen, der nicht an seinen Gütern hängt, der dann zufrieden ist, wenn sein Nächster sich so wohl fühlt wie er selber. Ich meine nicht die Verschwender, die leicht ein Opfer von Betrug und List werden und so ihr ganzes Glück verschleudern.«

»Mein Alter, was muss ich tun, um wirklich reich zu werden?«

»Wenn du dich arm glaubst, so jammere nicht und beklage dich nicht über mangelndes Glück oder das Schicksal, weil beides möglicherweise von deinem Willen abhängt, von deinen Möglichkeiten, deiner Kraft, deinem Mut und deinem Vertrauen. Um dich reich und glücklich zu fühlen, musst du nicht viele Dinge besitzen. Nicht selten ist Reichtum sogar ein Grund für Unglück, Sorgen und Ärger, weckt er doch die Habgier anderer. Du wirst dich wahrhaft reich fühlen, wenn du entdeckst, dass der Reichtum in dir selbst liegt. Jeder hat eine gute Eigenschaft, eine Fertigkeit, ein Wissen, eine Gabe, die ihn über die anderen erhebt, auch wenn er es oft nicht weiß. Wenn du entdeckst, welche Gabe du hast, und sie mit deinem Willen verbindest, um für andere etwas Gutes zu erreichen, dann wird die Entlohnung folgen, auch in Form materiellen Reichtums. Du wirst vielleicht kein Millionär werden, aber deswegen wirst du dich nicht für arm halten, denn der größte Reichtum, der dir zuteil werden kann, ist der Seelenfrieden, wenn du weißt, du handelst im Einklang mit deinen edelsten Idealen, und wenn du die Sicherheit hast, unabhängig vom Besitz materieller Güter zu sein.«

»Mein Alter, um das Thema ein wenig zu wechseln – warst Du heute zum Fischen?«

»Ich bin heute nicht mehr rausgefahren, aber ich habe einige kleine Fische mit dem Netz gefangen und sie auf dem Markt verkauft. Ja, und jetzt werde ich aufbrechen, ich will im Dorf noch einiges einkaufen.«

»Kann ich Dich begleiten?«

»Natürlich kannst du.«

Und so ging ich mit zum Wochenmarkt, wo der Alte einige Lebensmittel kaufte. Danach gingen wir zurück zum Strand, wo wir uns verabschiedeten.

Wille und Fatalismus

Am folgenden Nachmittag traf ich mich wieder mit dem Alten, und wie immer fand ich ihn angelehnt an seine Palme. Ich begrüßte ihn und setzte mich ebenfalls:

»Guten Tag.«

»Guten Tag, mein junger Freund.«

»Warst Du heute zum Fischen?«

»Ja, aber ich habe nur eine Makrele gefangen und davon schon die Hälfte zu Mittag gegessen. Ich bin früher zurückgekommen, denn heute ist das Fischen nicht gut.«

»Wer als Psychiater gelebt hat, wird niemals zum Fischer.«

»Ich bin weder Psychiater noch Fischer.«

»Aber es ist nicht die Schuld des Glücks oder des Schicksals, nicht wahr?«

»Warum fragst du das?«

»Das war nur ein Scherz, denn ich habe mich daran erinnert, was Du gestern sagtest.«

»An was?«, fragte der Alte.

»Dass viele Menschen, die sich arm fühlen, die Schuld dafür mangelndem Glück oder dem Schicksal zuschieben …«

»Ah, ja.«

»Das Schicksal zum Beispiel, mein Alter, gibt es das?«

»Es existiert, und es existiert nicht.«

»Wie das?«

»Im Allgemeinen unterscheiden sich die Menschen dadurch, dass sie an das Schicksal glauben oder nicht, aber im Grunde leben alle im Zweifel.«

»Und woher stammt der Zweifel?«

»Man denkt zu sehr in Extremen: Entweder ist alles willkürlich, fatal, unabhängig vom Willen, oder man leitet die Geschehnisse, bewirkt Veränderungen, wie man es will, als hätte man einen Zauberstab. Verstehst du? Die einen meinen, dass es sinnlos sei, für die Dinge zu kämpfen, denn wenn etwas nicht sein soll, so wird es niemals geschehen; und die anderen glauben, dass man alles realisieren kann, was man sich vorstellt, solange man nur die Kraft des Willens gebraucht. Aber die Ereignisse zeigen, dass sowohl die einen auch unter Aufbietung aller Kräfte nicht immer erreichen, was sie wollen, als auch die anderen etwas schaffen, was unmöglich erschien, obwohl sie sich kaum bemüht haben. Und somit fragen sich die Menschen: Gibt es das Schicksal wirklich oder nicht?«

»Und – gibt es das Schicksal?«

»Es gibt es in einer relativen Form.«

»Das verstehe ich nicht.«

»Ich werde dir ein Beispiel geben; du wirst die Analogie verstehen. Sieh dort das neue Blatt in der Mitte der Palme. Das Schicksal dieses Blattes ist in gewisser Form schon festgelegt: Es wird wachsen, es wird vergilben, vertrocknen, herabfallen und verschwinden. Du siehst, es ist die natürliche Entwicklung, was mit dem Palmenblatt geschehen wird; dies besagt aber nicht, dass du es nicht im noch grünen Zustand abschneiden oder sein Zubodenfallen verhindern könntest, indem du es am Baumstamm festbindest.«

»Somit können wir das Schicksal ändern?«

»Diese Frage ist tendenziös«, entgegnete er.

»Warum?«, wunderte ich mich.

»Weil du fragst, ob man das Unabänderliche ändern kann. Es gibt aber keine absolute Vorbestimmung.«

»Und was bleibt dann letztlich?«

»Es bleibt eine ununterbrochene Folge von Ursachen und Wirkungen. Jedes Geschehen wird bewirkt von einem vorherigen Geschehen und wird ein weiteres, späteres verursachen. Mit anderen Worten, die Zukunft ist nichts anderes als die veränderte Gegenwart.«

»Also ist die Zukunft doch vorherbestimmt«, warf ich ein.

»Sie wäre es, wenn die Geschehnisse nicht unter dem Einfluss unseres Willens stünden.«

»Aber wenn die Menschen ihr eigenes Schicksal beeinflussen könnten, so würden sie doch die unangenehmen Dinge ihres Lebens vermeiden und nur Ereignisse zulassen, die ihnen Vorteile brächten.«

»Aber kein Ereignis für sich ist ausschließlich von Vorteil oder von Nachteil. Wenn du eine Wahl triffst, so enthält sie in sich schon ihren eigenen Gewinn und Verlust.«

»Willst Du sagen, dass alles Gute und alles Schlechte, das uns widerfährt, unserem eigenen Willen unterliegt?«

»Bis zu einem gewissen Punkt ja. Stelle dir vor: Du bist ein Zug, der einem Gleis folgen muss; dieses Gleis entspricht den Geschehnissen eines Lebens. Nicht einen Finger breit kannst du dich von den Schienen entfernen, aber du kannst anhalten, wenn du möchtest, rückwärts fahren und sogar einen Umweg machen. Du könntest auch im Bahnhof stehen bleiben.«

»Bei vielen Menschen treten desto häufiger Schwierigkeiten auf, je mehr sie sich bemühen, ein Ziel zu erreichen – ist das nicht doch die Kraft des Schicksals?«

»Der einfache Wille genügt nicht, um Träume zu realisieren. Er ist nur eine Triebfeder, die andere Mechanismen in Bewegung setzt, die zusammen zu Handlungen führen, um das angestrebte Ziel zu erreichen.«

»Welche anderen Mechanismen?«

»Entschlossenheit, Intelligenz, Können, der gute Wille, Geduld, Festigkeit, Mut, Vertrauen.«

»Wie hängen denn Entschlossenheit und Schicksal zusammen?«

»Viele Menschen wollen etwas, was sie aber nicht verwirklichen können, weil es ihnen an Konstanz in ihrer Ausrichtung fehlt. Es sind Menschen, die laufend ihre Ideale wechseln für andere, die ihnen im Moment erfolgversprechender erscheinen.«

»Und Intelligenz und das Können?«

»Ohne Intelligenz kannst du nicht den besseren Weg

in Richtung auf dein Ziel wählen. Das Können, die Fähigkeiten sind das Gegenstück zur Intelligenz: Wahrscheinlich wirst du keinen Erfolg bei einer Unternehmung haben, für die du nicht die nötigen Eigenschaften besitzt.«

»Gesunder Menschenverstand, Geduld?«

»Bevor du eine Handlungsrichtung einschlägst, überlege, ob das Ergebnis für dich wirklich zufrieden stellend sein wird. Die Realisierung eines Traumes kann schlimmer sein als der Misserfolg. Was die Geduld anbetrifft, so haben alle Dinge ihre Zeit, zu der sie geschehen. Man soll eine Frucht nicht pflücken, wenn sie noch nicht reif ist, weder du noch irgendwer könnte sie essen.«

»Welche Bedeutung haben Festigkeit, Mut, Vertrauen?«

»Mancher kapituliert vor den ersten Schwierigkeiten, um später zu sagen, dass das Schicksal es nicht gewollt habe. Der Mut: Wie ich dir schon einmal sagte, scheuen viele Menschen aus Angst um ihre Sicherheit vor Änderungen in ihrem Leben zurück, auch wenn diese notwendig sind. Man gewöhnt sich so an die eigenen Missgeschicke und klagt das Schicksal an, es sei einem nicht wohl gesonnen.«

»Und das Vertrauen?«

»Viele haben alles, um ein gutes Leben zu führen, aber da sie nicht an ihre eigenen Fähigkeiten glauben, scheitern sie durch widrige Umstände oder anderes, und sie glauben, nur die Launen des Schicksals zu akzeptieren.«

»Meinst Du, dass ausschließlich diese Faktoren einen seine Ziele leichter erreichen lassen?«

»Nein«, erwiderte der Alte. »Wir erreichen unser Ziel desto leichter, je besser die Voraussetzungen mit dem natürlichen Ablauf der Dinge übereinstimmen.«

»Also sind wir dem Schicksal machtlos ausgeliefert, oder?«

»Nein, junger Freund. Stelle dir vor, du setzt ein Boot etwa in der Mitte eines Flusses aus. Ist dein Ziel die Mündung dieses Flusses, so wirst du es mit größerer Leichtigkeit erreichen, als wenn du zur Quelle willst. Natürlich kommst du auch dorthin, aber es ist weitaus schwerer für dich, denn du musst gegen den Strom fahren.«

In diesem Moment verstand ich, und in einem kurzen Moment der Erkenntnis konnte ich mir vorstellen, was die Menschen unter Schicksal verstanden.

»Mein Alter, ich glaube, ich habe verstanden, was Du sagtest. Das Wasser des Flusses fließt immer zum Meer, das ist so vorbestimmt. Aber der Mensch in seinem kleinen Boot ist im Besitz seines Willens, und nur wenn er es wünscht, wird er dem Lauf des Stromes folgen.«

»Opfer der Vorbestimmung wird nur, wer schwach an Willen ist.«

»Leben ist etwas sehr Schwieriges, nicht wahr?«

»Warum sagst du das?«, fragte der Alte.

»Weil die Menschen dafür kämpfen müssen, dass ihr Wille über die Vorbestimmung überwiegt, und sie so ihr Glück erlangen können. Warum muss das so sein?«

»Weil mühe- und schweißlos erreichte Ziele keinen Lohn mit sich bringen. Mit Mist und Sorge lässt der Gärtner die schönsten Blumen wachsen. Und aus dem Zusammentreffen von Willen und Vorbestimmung wächst der Erfolg.«

»Mein Alter, unser Gespräch hat mir heute sehr viel gegeben, denn ich sehe eine neue Lebensperspektive.«

»Du gehst schon?«

»Ich muss. Morgen werde ich wieder hier sein«, sagte ich, während ich mich erhob.

»Dann bis morgen, junger Freund«, antwortete der Alte lächelnd.

Mann und Frau

Ein weiterer Tag verfloss. Wieder ging ich am Strand nahe der Brandung und unter der Sonne eines heißen Sommernachmittags, und als ich von weitem die einsame Figur des Eremiten im Schatten der Palme sah, kamen mir eigenartig bohrende Gedanken in den Sinn.

Ich überlegte, ob der Alte nicht vielleicht eine Familie hatte oder sonst jemanden, der sich um ihn kümmert. Sollten seine Angehörigen nicht beunruhigt sein, wenn sie nicht wissen, wo sie ihn finden können? Vielleicht hatte er auch Kinder oder Enkel, die ihn für tot halten, seit er verschwand? Sicherlich würden sie sich freuen, wenn sie wüssten, dass er noch lebte, so dachte ich.

Ich war so in meine Gedanken versunken, dass ich, beim Alten angekommen, vor ihm stehen blieb, ohne ihn zu begrüßen, ihn ansah und versuchte zu ergründen, was hinter diesen braunen Augen geschah.

»Setze dich. Was bist du so in Gedanken?«, sagte der Alte und unterbrach meine Grübelei.

»Ja natürlich. Mein Alter, kann ich Dich etwas fragen?«, lehnte ich mich an den Stamm der Palme.

»Du hast mich schon so viel gefragt, warum jetzt diese Umstände, wenn du noch etwas wissen möchtest?«

»Gut, also: Hast Du Familie?«

»Früher hatte ich keine, aber jetzt habe ich eine.«

»Ich verstehe nicht.«

»Du bist meine Familie.«

Ich war ein bisschen verwirrt. »Warum sagst Du das?«

»Weil du mit mir deine Gefühle und Gedanken teilst.«

»Aber ich rede von Deinen Eltern. Du müsstest eine Frau haben, Kinder und vielleicht sogar Enkel. Oder irgend eine andere Person aus der Familie.«

»Ich weiß nicht, wo sie sind, und sie wissen nicht, wo ich bin.«

»Aber sie könnten sich Sorgen machen über Deine Abwesenheit.«

»Das hat keine Bedeutung mehr für mich.«

»Während sich alle jemanden zum Zusammenleben suchen, verlässt Du ohne Bedauern Deine Familie, um hier zu leben? Hast Du keine Frau, eine Gefährtin?«

»Warst du schon verheiratet?«, fragte der Alte zurück.

»Nein.«

»Glaube nicht, dass es einen Unterschied macht, ob man verheiratet ist oder alleine lebt.«

»Aber natürlich gibt es einen Unterschied, mein Alter!«

»Ich will sagen, dass keiner der beiden Umstände vorteilhafter ist als der andere.«

»Wie das?«

»Beide Situationen bringen dir Erfahrungen. Und du kannst wählen.«

»Ja, manchmal glaube ich auch, es ist besser, alleine zu bleiben.«

»Es wird die Zeit kommen, da du mit jemandem zusammenleben wirst.«

»Aber ich habe mich schon oft verliebt und lebe immer noch allein.«

»Eines Tages, wenn du es am wenigsten erwartest, wird eine Frau auftauchen und dein ganzes Sein erfüllen, unabhängig, ob du glaubst, du seist in sie verliebt, oder nicht. Sie wird deinem Leben mehr Glanz geben als die Sommersonne und deine Seele mehr überschatten als eine mondlose Nacht.«

»Warum sagt Du, dass mir etwas geschehen wird, was Dir niemals widerfahren ist?«

»Es ist mir schon geschehen.«

Wir schwiegen eine Weile.

»Mein Alter, warum gibt es Mann und Frau?«

»Weil auch die Existenz des Menschen der allgemeinen Regel über die Bildung des Universums unterliegt: der Bipolarität.«

»Was heißt das?«

»Zum Beispiel: Das physikalische Sein ist zusammengesetzt aus Energie und Materie, aber beide besitzen die gleiche Natur und müssen in Kontakt treten, um sich zu manifestieren. Auch die Elektrizität braucht die Interaktionen von positiven und negativen Ladungen. Und was die menschliche Natur betrifft, so kann sie nicht anders sein.«

»Kann man sagen, dass der Mann der positive und die Frau der negative Pol der menschlichen Natur ist?«

»Begriffe haben keine große Bedeutung. Es lässt sich allerdings feststellen, dass der Mann durch Instinkt oder durch Erziehung oder auch durch eine Verknüpfung von beiden das Element der Aktivität, der Logik, der Rationalität, der Aggression ist, während die Frau der passivere, intuitive, gefühlsmäßige und weichere Teil der menschlichen Natur ist. Sicherlich findest du alle diese Attribute in unterschiedlichen Ausprägungen bei beiden Geschlechtern, aber du nimmst in jedem der beiden eine größere Dichte der erwähnten Eigenschaften wahr.«

»Und was ist der psychologische Unterschied zwischen Mann und Frau?«

»Frau und Mann sind nicht so unterschiedlich, wie man meint. Jeder hat, wie ich schon sagte, auch die Eigenschaften des anderen, nur sind sie in unterschiedlichem Maß ausgeprägt.«

»Mein Alter, was glaubst Du, wer ist überlegen, Mann oder Frau?«

»Beim Bau eines Hauses, wer ist da der Wichtigere: der Klempner oder der Elektriker? Haben nicht beide die gleiche Wichtigkeit, jeder in seiner Funktion? Fehlt der Klempner, so hat dein Haus kein Wasser, und ohne Elektriker bist du ohne Licht.«

»Du stimmst also mit der Gleichheit der Geschlechter überein?«

»Solange der Mann ein Mann ist, ist er der Frau überlegen; solange die Frau eine Frau ist, ist sie dem Mann überlegen.«

»Kannst Du das näher erklären?«

»Ist ein Klempner weniger wert als ein Elektriker, weil er nicht weiß, wie man Stromleitungen verlegt?«

»Ich glaube, ich habe schon verstanden.«

»Mann und Frau sind nur verschiedene Seiten desselben Seins. Sie sind lediglich entgegengesetzte Polaritäten der menschlichen Natur, die sich vervollständigen, sich ergänzen.«

»Wie finde ich die richtige Frau, die ideale Frau?«

»Es gibt sie nicht. Die ideale Frau wäre diejenige, die dir die Sorgen des Augenblicks abnimmt. Wenn du die ideale Frau suchst, so suchst du in Wahrheit dein wahres Ich.«

»Ich suche eine Frau, wenn ich versuche, mich selbst zu finden?«

»Du suchst in der Frau diejenigen Eigenschaften, von denen du spürst, dass sie dir fehlen.«

»Und die Befriedigung des Geschlechtlichen?«

»Sie hat mehrere Funktionen: den Nachwuchs, das körperliche Wohlbefinden, das seelische Gleichgewicht, Bereicherung des Gefühlslebens und die Bindung zum Partner. Aber vielleicht ist ein großes Ziel der Sexualität von Mann und Frau auch das Gefühl der individuellen Wiedervereinigung.«

»Wie das?«

»Stelle dir die Menschen wie Hälften von Äpfeln vor, die den anderen Teil brauchen, um sich vollständig zu fühlen. In einer erfüllten sexuellen Beziehung empfinden zwei Menschen nicht nur ihre Körper, die miteinander verschmelzen, sondern es sind auch ihre Seelen, die zu einem harmonischen Akkord werden, vereint zu einem einzigen Sein.«

»Das heißt, Mann und Frau kommen zusammen, um eigene Vollständigkeit zu erlangen?«

»Ich halte eine Beziehung zwischen Mann und Frau für den falschen Weg, um individuelle Vollständigkeit zu erlangen, denn das können wir nur erreichen, wenn wir mit dem Universum eins werden. Aber wir werden nicht zur obersten Stufe einer Leiter gelangen, wenn wir nicht mit der ersten beginnen.«

»Rede weiter.«

»Mann und Frau sind zwei Hälften desselben Buches, in dem das Leben aufgeschrieben ist. In ihm gibt es Liebe, Zärtlichkeit, Verständnis, Respekt, aber auch Intrigen, Hass, Eifersucht, Undankbarkeit; Erfolge und Versagen, Freude und Trauer, Sattheit und Mangel, Überraschung und Enttäuschung. Aber erst wenn beide Hälften des Buches zusammen sind, hat der Inhalt einen Sinn, und jede Passage beginnt, wo eine andere endet.«

»Ja, mein Alter«, sagte ich, und wir schwiegen lange.

»Bleib noch ein bisschen, es ist noch früh«, meinte er, als ich aufstand.

»Ich werde auf dem Rückweg über alles nachdenken, es ist schon spät. Morgen komme ich wieder.«

»Wie du willst. Bis morgen also.«

Freiheit und Sklaverei

Eine weitere Nacht verging, und wieder sah mich der nächste Nachmittag nahe der Brandung auf dem Weg zu meinem Freund, dem Eremiten.

Mir waren die Gespräche mit dem Alten zu mehr als einer schönen Gewohnheit geworden, es war fast eine Notwendigkeit wie Schlafen und Essen. Ich erinnerte mich, dass er mir zu Beginn sehr fremd vorgekommen war und dass ich ihn in Gedanken mehrere Male für seine Lebensweise kritisiert hatte. Aber im Grunde genommen war es nur mein Neid. Nicht wegen seines Wissens oder wegen der Sicherheit, die er vermitteln konnte, vielmehr weil mir sein einsames Dasein den Eindruck vollständiger Freiheit machte.

Als ich ihn an diesem Nachmittag traf, war meine erste Frage: »Mein Alter, hältst Du Dich für einen freien Mann?«

Er lächelte, bevor er antwortete: »Du glaubst, es gibt jemanden, der völlig frei ist?«

»Bist Du, wie Du jetzt lebst, nicht frei, zu tun, was immer Du möchtest?«

»Ich bin frei, zu unternehmen, was innerhalb meiner Lebensumstände möglich ist.«

»Aber ist Deine Art zu leben nicht frei?«

»Ich halte mich nicht für frei, weil ich hier lebe, sondern weil ich diese Art zu leben wählen konnte.«

»Was willst Du damit sagen?«

»Ich bin nicht dadurch frei, dass ich als Eremit lebe, vielmehr wurde ich Eremit, weil ich die Freiheit dazu hatte.«

»Jeder könnte Eremit werden, also sind alle frei.«

»Du täuschst dich. Die meisten Menschen sind Sklaven und können nicht Eremiten werden.«

»Sklaven von was?«

»Von Verschiedenem.«

»Zum Beispiel?«

»Vom Komfort.«

»Der Komfort versklavt?«, verwunderte ich mich.

»Wie auch alles andere, was wir schätzen.«

»Was heißt das?«

»Wenn die Menschen nicht frei sind, so ist es nicht, weil es so schwer ist, die Freiheit zu finden, sondern weil sie nicht auf die Dinge verzichten wollen, die sie versklaven. Es ist ein Irrtum zu glauben, dass es nur die schlechten Dinge sind, die uns festhalten.«

»Soll das heißen, die Schwarzen Afrikas hätten sich damals freiwillig in die Knechtschaft der weißen Herren begeben, weil sie die Sklaverei als eine Wohltat empfanden?«

»Du sprichst von einer Art der Sklaverei, die nichts mit dem freien Willen des Versklavten zu tun hat und der die Zeit schon ein Ende gesetzt hat.«

»Mein Alter, Du sagst, diese Art der Sklaverei gäbe es nicht mehr. Aber ist das wirklich vorbei? Gibt es sie nicht noch immer in einer versteckten und perfiden Form? Der Arbeitgeber, der minimale Löhne an seine Angestellten zahlt, der ihnen Arbeitszeiten aufzwingt, die jenseits der gesetzlich festgelegten Zeit liegen, und der sie darüber hinaus häufig noch demütigt, weil er genau weiß, dass sie nicht auf die Arbeit verzichten können, denn sie haben eine Familie zu erhalten. Ist dies wirklich ein großer Unterschied zu den Herren früherer Zeiten, die die Handarbeit der Sklaven ausbeuteten?«

»Der Arbeitgeber, von dem du sprichst, ist mehr Sklave als der Angestellte.«

»Sklave?«

»Ja, Sklave der eigenen Gewinnsucht. Und die Angestellten, von denen du geredet hast, sind mehr Sklaven der Familie als des Arbeitgebers.«

»Warum sagst Du das?«

»Vor Angst, die Familie könne Entbehrungen leiden, setzt er sich der Ungerechtigkeit des Arbeitgebers aus.«

»Das heißt, die eigene Angst ist ein Element der Versklavung, nicht wahr?«, fragte ich.

»Wer immer sich von Angst beherrschen lässt, macht sich zu ihrem Sklaven. Um frei zu sein, braucht es Mut. Denn die Freiheit eröffnet uns Möglichkeit und Auswahl und auch Zeit, um sie nach unserem Willen zu nutzen, und diese Wahlmöglichkeit führt die Angst ad absurdum.

Aber jetzt lass uns von anderem reden, denn über die Angst und ihre Wirkungen auf die menschliche Existenz haben wir schon gesprochen.«

»Mein Alter, was versklavt den Menschen zudem?«

»Unter vielen anderen Dingen, die die Verwirklichung des Seins begrenzen, gibt es den Aberglauben.«

»Was verstehst du unter Aberglauben[5]?«

»Abergläubisch ist jemand, dessen Leben begrenzt wird durch den Glauben an die falschen Ideen.«

»Zum Beispiel?«

»Nimm den Glauben an die Unausweichlichkeit des Schicksals: Wir haben schon darüber gesprochen, dass ein fatalistischer Mensch nicht seinen ganzen Willen bemüht, um sein Glück zu verwirklichen.«

»Was noch?«

»Gefühle wie Liebe oder Hass, die Leidenschaften. Jeder, der liebt oder hasst, wird zum Sklaven seiner Liebe oder seines Hasses.«

»Warum?«

»Weil er sich so sehr auf die Verwirklichung dieses

[5] Die Brasilianer sind erheblich abergläubischer als nüchterne Deutsche. Dies beruht zum einen auf der gemischten afro-euro-indianischen Kulturgeschichte des Landes, zum anderen auf der im Durchschnitt einfacheren Lebensweise, die die Dinge mehr phänomenologisch nimmt, ohne endloses Hinterfragen, und außerdem auf der großen, poetischen Fantasie der Menschen Brasiliens; Träumen hat Tradition und Qualität in Südamerika. (Anm. d. Ü.)

Gefühles konzentriert, dass es ihm zum Nachteil anderer, eigener Interessen gereicht.«

»Und was versklavt den Menschen am meisten?«

»Die Ignoranz, die Unwissenheit, denn Wissen ist die beste Waffe, über die der Mensch verfügen kann, um sich von den Begrenzungen zu befreien, die sein eigenes Leben behindern.«

»Gibt es noch mehr?«

»Die Gewohnheiten. Sie versklaven die Menschen so sehr, dass diese davon sogar krank werden können, selbst wenn sie es nicht einmal bemerken. Handelt es sich um gute Angewohnheiten, so sind sie von Nutzen. Aber was soll man zu den bekannten Lastern wie Rauchen, Alkohol und Drogen sagen, die die Menschen schon in der Jugend unterjochen, einem Alter, in dem sie die meiste Geistesklarheit benötigen?«

»Aber, mein Alter, die Jungen haben vielleicht allen Grund dazu, sich in die Drogen zu stürzen. Sie beklagen den Mangel an Verständnis, an Zuneigung, an Unterstützung durch die Eltern und die Umwelt, beklagen die schlechten beruflichen Möglichkeiten, die Perspektivenlosigkeit – kurz, einen Mangel an Motivation, an Lebensmotivation.«

»Vielleicht fehlt ihnen ja auch eine neue Religion, eine gesündere Einstellung zum eigenen Körper und zur freien Zeit, künstlerische Hingabe oder eine Tätigkeit, dank der sie sich für sich selbst und für andere nützlich fühlen, selbst wenn dies nicht mit finanziellem Gewinn verbunden ist. Wenn sie meinen, sie hätten nicht die Liebe ihrer Eltern, so können sie heiraten, Kinder haben und diese lieben, und sicher würden sie von ihnen geliebt werden. Ich denke so, mein junger Freund: Wenn das Leben uns ohne Sinn erscheint, dann müssen wir dafür sorgen, dass es einen bekommt.«

»Mein Alter, Du hast von vielen Dingen gesprochen, die den Menschen versklaven. Glaubst Du, dass es überhaupt einen Menschen gibt, der vollständig frei ist?«

»Um völlig frei zu sein, müsste der Mensch sich von allen Dingen lösen, aber dann wäre er kein Mensch mehr.«

»Und was ist dann Freiheit?«

»Freiheit ist der Umstand, in dem der Mensch selber die Dinge wählen kann, die ihn versklaven dürfen.«

»Und wie werde ich wissen, ob ich frei bin oder nicht?«

»Freiheit bedeutet für die Menschen Unterschiedliches. Für den, der an der Kette liegt, bedeutet Freiheit, gehen zu können, wohin er will. Für den Kranken bedeutet es Gesundheit. Für den Jungen, der unter dem Druck der Eltern leidet, bedeutet es, deren Haus zu verlassen. Für den unglücklich Verheirateten ist es die Trennung, für manchen Politiker die Demokratie. Sklave bist du immer und wirst es immer bleiben, genauso wie du immer frei bist und es immer warst. Was dich heute kettet, wird dir morgen vielleicht Flügel verleihen. Denn du strebst nur nach Freiheit, wenn du verabscheust, was dich fesselt; aber Sklaverei durch das, was du liebst, stört dich nicht.«

»Mein Alter, wenn Du sagst, niemand sei völlig frei, wessen Sklave bist Du?«

»Meine Sklaverei ist meine Liebe zur Freiheit und zur Einsamkeit.«

»Dann müsste es Dir eigentlich missfallen, wenn ich hierher komme.«

»Auch deine Freundschaft versklavt mich.«

»Und mich die Bewunderung und der Respekt für Dich.«

Der Alte lachte und gab mir einen Klaps auf den Arm.

»Du bist ein liebenswerter Kerl.«

»Mein Alter, ich glaube, ich muss wieder einmal gehen.«

»Gut ... Ich werde es wohl nicht schaffen, dich noch ein wenig zu halten, nicht wahr?«

»Der Weg ist lang ...«

»Du hast Recht.«

»Bis später, mein Alter.«

»Alles Gute.«

Stille und Beredsamkeit

Als ich am nächsten Tag wieder den gewohnten Weg am Strand ging und von weitem den Alten an seine Palme gelehnt sah, erfüllte mich ein Gefühl der tiefen Trauer. Die ganze Zeit musste ich an unser erstes Treffen denken. Vielleicht, weil mir nur noch wenig Zeit blieb, bis ich mich von dem Alten verabschieden musste, oder waren es die vielen Ideen und Ratschläge, die ich erhalten hatte, seitdem ich ihn kennen gelernt hatte, oder war es beides? Wie sehr hatte sich meine Weltsicht verändert. Es war unmerkbar gewesen, aber wenn ich mich erinnerte, wie ich vor dem Treffen mit dem Alten gedacht und gefühlt hatte, dann wurde mir bewusst, dass ich nicht mehr derselbe war.

Nachdenklich trat ich zu ihm und begrüßte ihn wie immer: »Guten Tag, mein Alter.«

»Guten Tag, mein junger Freund.«

Ich setzte mich zu ihm an unsere Palme und sah nachdenklich auf das Meer. Auch der Alte wandte den Kopf zum unendlichen Ozean, als ob er meditierte. Wenn er so saß, wusste ich nie, ob er wirklich auf das Meer schaute oder ob er nicht den Bereich des Materiellen verlassen hatte und sich in Ebenen der Erkenntnis bewegte, von denen ich nichts wusste.

»Mein Alter, Du sagst nichts?«

»Ich möchte nicht die Stille stören.«

»Aber ich höre Dir gerne zu.«

»Du hast mich noch nichts gefragt wie sonst. Du scheinst ein wenig nachdenklich zu sein, verstimmt ...«

»Das stimmt. Wohl weil ich morgen abreisen muss.«

»Ich verstehe.«

»Hast Du gehört? Morgen muss ich abfahren.«

»Dein Urlaub ist zu Ende, nicht wahr?«

»Alles ist zu Ende. Die Sonne, das Baden im Meer am Morgen, das Fischen, das Schreiben unter der Lampe, der Wind auf der Terrasse, unsere Gespräche an all den Nachmittagen im Schatten dieser Palme ...«

»Mit Angst vor dem Schicksal kamst du, mit Trauer gehst du, und mit Freude wirst du zurückkehren.«

»Was?«

»Die Trauer des Abschieds birgt die Freude der Rückkehr.«

»Das ist wahr«, sagte ich. Und nach einer langen Pause: »Ich möchte Dich etwas fragen.«

»Frage.«

»Warum wolltest Du meine Stille nicht unterbrechen?«

»Weil ich um ihren Wert weiß.«

»Was ist an der Stille wichtig?«

»Wenn deine Stimme verstummt, spricht dein Inneres. Eigentlich spricht es immer zu dir, aber nur wenn du still bist, kannst du es hören. Eben wollte ich die Stille nicht stören, weil ich wusste, du unterhältst dich mit dir selbst, mit deiner Seele.«

»Jemand, der mehr in der Stille lebt, ist besser dran als jemand, der viel redet?«

»Ideen sind wie Wasser aus einer Quelle, deiner Seele. Der Ablauf des Wassers, das Bachbett sind deine Gespräche. Wer redet, ist wie ein Krug, der sich leert; wer schweigt, wie ein Krug, der sich füllt. Zwar musst du nicht überlaufen, denn dieses Wasser wäre verschwendet, aber auch aus einem leeren Krug kannst du nicht trinken. So kommt das Gleichgewicht zwischen Schweigen und Reden, denn da liegt die Weisheit. Müsstest du dich aber für eines von beiden entscheiden, so wähle das Schweigen.«

»Warum?«

»Durch Stille sagen wir häufig mehr als durch Reden. Wir sind wahrer, wenn wir fühlen und handeln, als wenn wir reden. Denn die Sprache entstellt Ideen und Gefühle. Wer viel redet, handelt wenig, denn die Worte ersetzen seine Taten.«

»Das verstehe ich nicht«, sagte ich.

»Wenn du ein Politiker bist und dem Volk erst große Versprechungen machst und danach wenig oder fast nichts davon einlöst, was werden die Leute von dir sagen? Unser Vertreter ist ein Demagoge, denn er hat nichts gehalten von dem, was er uns versprochen hat. Also verdient er nicht mehr unser Vertrauen. Das nächste Mal werden wir einen anderen wählen. Versprichst du aber wenig und erfüllst mehr als versprochen, was werden sie sagen? Unser Gewählter hat viel für uns getan, und sicherlich wird er noch mehr tun, wenn wir ihn wieder wählen.

Wenn du ein Fachmann bist und mit deinem Können großtust und dann deine Arbeit den Kunden nicht zufrieden stellt, was wird dieser über dich sagen? Dieser Spezialist hat mich getäuscht, denn er hat nicht so gearbeitet, wie er es ankündigte; ich werde allen sagen, dass seine Arbeit nichts wert ist. Bist du aber bescheiden und arbeitest gut, so sind die Kunden überrascht und zufrieden, denn das Ergebnis ist besser, als sie erwartet haben, und sie werden dich weiterempfehlen.

Wenn du einer Frau Versprechungen über Versprechungen gibst und sie danach doch unglücklich machst, was wird sie von dir denken? Mein Mann hat mich getäuscht, er hat aus mir eine Sklavin gemacht, so habe ich ihn damals nicht gekannt. Bist du aber zurückhaltend und handelst angemessen, so wird sie sagen: Mein Mann ist ein außergewöhnlicher Mann, niemals hätte ich gedacht, dass ich mit ihm so glücklich sein könnte.«

»Erzähl mir mehr über die Tugenden der Stille.«

»Die Stille wird nur von einem ehrlichen Lob übertroffen, denn es erhöht den Selbstwert des Gelobten und es wird reichlich vergolten. Aber hüte dich, falsches Lob zu verteilen, denn wer dich für einen Speichellecker hält, wird dich mit Verpflichtungen überhäufen im Wissen um deine Beflissenheit. Und bevor du jemanden beleidigst, ist es besser, Stille zu bewahren, denn wer Fehler hat, bangt um ihre Entdeckung, und du wirst keinen Vorteil davon haben, sie aufzuzeigen. Vermeide auch, deine Meinung über jemanden zu äußern, denn eines Tages wirst du sehen, dass du irrst. Jeder Mensch kann dir gut oder schlecht erscheinen, je nachdem, wie du ihn wahrnimmst; Tugenden und Fehler der Persönlichkeit erscheinen nicht alle im selben Moment.«

Ich fragte nichts weiter, sondern schwieg und lauschte auf die Stimmen, die nicht nur von innen kamen, sondern auch auf jene von außen, die der Natur.

Leben und Tod

Der letzte Tag der Sommerferien brach an und weckte mich früh. Ich ging zum Strand und genoss ein letztes Mal die Morgensonne, tauchte in das klare Wasser und verabschiedete mich so vom Meer. Dann kehrte ich zum Haus zurück, räumte auf und packte meine Sachen, damit alles fertig war für die Abreise.

Nach dem Mittagessen saß ich auf der Terrasse und ruhte im Duft des Windes des frühen Nachmittags. Wieder kam ein Gefühl der Traurigkeit in mir auf, denn ich würde den Strand verlassen und mich von meinem Freund, dem Eremiten, verabschieden müssen. Ich hatte mich schon so an dieses Leben gewöhnt, dachte ich, und nun musste ich fort. Weniger als drei Wochen waren vergangen, und das Gespräch mit dem Alten war zum festen Bestandteil des Tages geworden. Obwohl ich mir das am Anfang nicht hatte vorstellen können, blieb mir jetzt nur noch die Trauer des Abschieds.

Dann ging ich zum letzten Mal am Strand den Weg zum alten Eremiten. Bei jedem Schritt prägte ich mir die Einzelheiten ein. Als ich ihn von weitem an die Palme gelehnt sah, nahm mir die Traurigkeit fast den Atem, aber ich ging weiter, bis ich bei ihm war.

»Guten Tag, mein Alter«, sagte ich klanglos.

»Guten Tag, mein junger Freund. Setze dich. Noch immer mit schwerem Herzen?«

»Ich komme, um mich zu verabschieden. Ich bin sehr traurig.«

»Das ist immer so.«

»Was?«

»Die Menschen reagieren immer so auf Abschied und auf den Tod. Sie vergleichen sogar das eine mit dem anderen.«

»Reagieren wie?«

»Mit Trauer.«

»Könnte es anders sein?«

»Ich glaube ja.«

»Und warum reagieren sie dann mit Trauer?«

»Weil sie nur zur Ankunft bereit sind, aber nicht zum Abschied.«

»Das heißt, ich bin traurig, weil ich mich nicht auf den Abschied vorbereitet habe?«

»Als du ankamst, dachtest du sicherlich an all das, was du hier wolltest, baden in Sonne und Meer, fischen, schreiben, aber du hattest nicht daran gedacht, dass der Tag kommen würde, an dem du all dies würdest verlassen müssen. Dieser Tag ist nun gekommen und hat dich unvorbereitet getroffen.«

»Aber geschieht das denn auch mit dem Tod?«

»Ich habe viele Menschen gekannt, die mit Verzweiflung auf das Nahen des Todes reagierten.«

»Aus Mangel an Vorbereitung?«

»Die meisten Menschen leben im Heute, kümmern sich um ihre Arbeit, ihr Vergnügen und ihre Lust, und der Gedanke an den Tod ist weit entfernt wie der an etwas Abscheuliches, eine schreckliche Strafe oder an etwas, was zu weit in der Zukunft liegt, als dass man sich damit beschäftigen würde. Und wenn der Moment des Todes naht, geraten sie in Panik.«

»Aber die Menschen, die sich selbst töten«, fragte ich, »die begegnen dem Tod doch ohne Angst?«

»Diese Menschen haben Angst vor ihrem eigenen Leben, und sie nähren die Illusion, der Tod löse alle Probleme. Aber viele, denen der Suizid nicht gelang, bereuten dann den Versuch und gaben zu, dass die Probleme eigentlich nicht so schwer waren und dass sie hätten gelöst werden können oder sich mit der Zeit von allein lösen würden. Merke dir eines: Deine Probleme haben genau diejenige Größe, die du ihnen zumisst. Und der Tod ist keine Lösung für das Leben, denn die Probleme des Lebens kann nur das Leben selbst lösen.«

»Aber warum haben die Menschen dann Angst vor dem Tod?«

»Hauptsächlich aus zwei Gründen: Zum einen aus Anhänglichkeit an die weltlichen Dinge, zum anderen aus der Unsicherheit, was nach dem Tod kommen mag.«

»Und Du, mein Alter, fürchtest Du den Tod?«

»Käme der Tod in diesem Moment, bliebe ich ebenso ruhig und heiter, wie ich es jetzt bin«, erwiderte er lächelnd.

»Ich weiß, Du hast schon auf viele weltliche Dinge verzichtet. Hast Du denn irgendeine Gewissheit, was nach dem Tod kommen wird?«

»Gewissheit über etwas zu haben ist nicht das Entscheidende. Es kommt darauf an, wie man den Geschehnissen begegnet, als was man sie nimmt. Ich betrachte den Tod als etwas Natürliches, als wäre er eine Reise in ein fernes Land. Natürlich weiß ich nicht, was geschehen wird, aber warum sich sorgen, bevor es eintrifft? Der Tod ist der große Nivellierer, er löscht Lust und Leid. Wie viele hat der Tod vor dem Niedergang der eigenen Persönlichkeit inmitten weltlicher Genüsse bewahrt? Wie oft schon hat er die Gesellschaft von Entarteten befreit? Und wie viele Kranke und Leidende hat er von ihren Schmerzen erlöst? Ich glaube, der Tod ist eine Notwendigkeit. Und wenn auch auf der anderen Seite Lust und Leid wohnen, so werde ich keinen Unterschied fühlen, denn das kenne ich aus diesem Leben.«

»Und wenn einfach nichts geschieht?«

»Das erscheint mir unlogisch.«

»Warum?«

»Weil nichts aus dem Nichts entstehen kann und weil sich ebenso wenig irgendetwas in nichts verwandelt.«

»Nein?«

Der Alte neigte sich und nahm eine Hand voll Sand. »Kann sich dieser Sand in nichts verwandeln?«, fragte er.

»Ich weiß nicht …«

»Er könnte sich in eine andere Art von Materie verwandeln, in Energie, von neuem in Materie, aber er würde niemals aufhören zu existieren.«

»Ja …«

»Mein Ich, mein Bewusstsein wird sich vielleicht verwandeln, aber es wird nicht erlöschen, denn es ist nicht weniger existent als jene Hand voll Sand, es unterliegt dem gleichen, allgemeinen Gesetz.«

»Ich glaube, es wäre besser, wenn es den Tod nicht gäbe.«

»Das ist ein Vorurteil.«

»Warum?«

»Du urteilst über dir Unbekanntes, denn noch lebst du. Wer weiß, ob du – jenseits des Todes – über das diesseitige Leben genauso denkst wie jetzt?«

»Das Leben – was ist das eigentlich?«

»Wenn du willst, kann ich dir vieles über das Leben sagen, aber das Leben ist all das und noch viel mehr.«

»Und wozu leben wir?«

»Um zu lernen.«

»Und wozu lernen wir?«

»Um zu wachsen.«

»Und wozu wachsen?«

»Um jedes Mal besser zu leben.«

»Womit wir am Anfang angekommen wären.«

»Gut, dann von vorne.«

»He, Du machst Dich über mich lustig.«

»Nein, junger Freund, es ist meine Art zu erklären.«

»Aber ich weiß immer noch nicht, was das Leben ist.«

»Das Leben ist eine ewige Suche nach dem Gleichgewicht zwischen Freude und Trauer, zwischen Liebe und Hass, Schönheit und Hässlichem, Fantasie und Realität, Gesundheit und Krankheit, zwischen Freiheit und Sklaverei.«

»Und das ist alles?«

»Nein.«

»Dann erklär mir doch, was das Leben ist.«

»Das Leben ist ein großer Hindernislauf, in dem der Start die Geburt ist und die Ziellinie der Tod. Und alle, die diese Linie erreichen, sind Sieger, denn sie sind unzählig oft gestrauchelt und gefallen. Und Start und Strecke sind nicht weniger wichtig als die Ziellinie.«

»Gut, ich werde nicht mehr fragen. Aber der Tod, hat er wirklich einen Sinn?«

»Es ist der Tod, der dem Leben einen Sinn gibt.«

»Wie?«

»Man kann das Leben mit einem Film vergleichen, in dem wir die Akteure sind. Wenn du ins Kino gehst, genießt du die emotionalen Passagen, du weinst, du lachst, du hast Angst, alle Arten von Gefühlen gehen von den Personen und Situationen aus. Aber ist nicht, worauf du wirklich wartest, das Ende des Films, zu wissen, wie die Geschichte ausgeht?«

»Mein Alter, wie ich schon vorhin sagte, kam ich, um mich zu verabschieden, und jetzt muss ich gehen. Ich möchte noch etwas sagen. Als ich hier ankam, wollte ich lediglich einige Urlaubstage verbringen und Anregungen zum Schreiben sammeln. Aber nichts in meinem bisherigen Leben war so wichtig wie das Treffen mit Dir, Dich kennen zu lernen. All die Nachmittage, die wir im Gespräch verbrachten, werde ich niemals vergessen, denn sie hinterlassen in mir eine neue Art, dem Leben zu begegnen. Nie habe ich einen Menschen kennen gelernt mit so viel Weisheit, Zugewandtheit, Geduld, Hilfsbereitschaft und Bescheidenheit, wie Du sie hast. Ich werde Dich sehr vermissen.«

»Mein junger Freund, vielleicht habe ich nicht all die Qualitäten, die du mir bescheinigst, aber die Größe deiner Seele macht es, dass du mich so siehst. Als du hier ankamst, trafst du einen Alten an, der das Zusammenleben mit anderen Menschen nicht schätzte, und möglicherweise war dein Eindruck von mir nicht der beste. Aber du hast deine Freundschaft so spontan angeboten und mich so voller Vertrauen gesucht mit deinen Fragen um die Dinge des Lebens, einfache und komplexe, dass ich begann, in dir den Freund zu erkennen, den ich bis jetzt vergeblich gesucht hatte. Auch ich werde dich sehr vermissen. Folge deinem Weg und sei glücklich.«

»Leb wohl, mein Alter«, sagte ich und drückte ihm die Hand.

»Leb auch du wohl, mein junger Freund«, antwortete er und erwiderte den Druck meiner Hände.

Ich ging zum Strand und begann den Rückweg nach Hause. Nach einigen Momenten blieb ich stehen, um ihn ein letztes Mal zu sehen. Da war er, entfernt, an den

Stamm der Palme gelehnt, und er sah auf das Meer. Lange blieb ich stehen und nahm das Bild in mich auf, dann drehte ich mich wieder um und setzte den Heimweg fort.

Im Haus dann nahm ich das Gepäck, brachte es zum Wagen, verschloss die Türen des Hauses und fuhr ab.

Die Rückkehr

Ein Jahr war vergangen seit jenem Tag, an dem ich den Eremiten zum letzten Mal gesehen hatte. Es war wieder Sommer geworden, und ich war zum selben Strand zurückgekehrt, um die Ferien zu verbringen.

Heute Nachmittag werde ich den Alten besuchen, dachte ich, während ich meine Sachen einräumte. Ob ich ihn dort noch antreffen würde?

Gleich nach dem Mittagessen, ohne Pause und Siesta, wanderte ich am Strand und fühlte das Wasser an den Knöcheln, genau wie an jenem ersten Tag des vergangenen Jahres. Als ich in die Gegend kam, in der der Alte lebte, sah ich die Palme, in dessen Schatten er für gewöhnlich saß, aber den Alten selber sah ich nicht. Ich suchte in der Umgebung und konnte ihn nicht finden. Da auch die Jangada nicht an ihrem Platz am Strand war, glaubte ich, der Alte sei auf See zum Fischen. So saß ich und wartete, und ich erinnerte mich an unsere Gespräche.

Ich blieb lange, aber keine Jangada kam in Sicht. Also ging ich zur Hütte des Alten. Aber auch dort war niemand, und alles machte einen verlassenen Eindruck. Die Tür war halb offen, das Dach hatte ein Loch, und die Möbel waren staubbedeckt. Ich wusste nicht, was ich denken sollte in diesem Augenblick, aber es nützte nichts zu bleiben. Unbedingt wollte ich erfahren, wo der Alte geblieben war.

Ich kehrte zum Dorf zurück und ging in den Laden, wo er gewöhnlich seine Lebensmittel gekauft hatte.

»Guten Tag.«

»Guten Tag.«

»Eigentlich möchte ich nichts kaufen, sondern nur etwas in Erfahrung bringen.«

»Wenn ich es weiß …«

»Es ist der Alte, der hier gelegentlich eingekauft hat. Ich bin auf der Suche nach ihm.«

»Wie ist sein Name?«

»Ich weiß es nicht. Er wohnte nicht hier im Dorf. Ich bin oft am Strand zu ihm gegangen und …«

»Ach ja, ich weiß schon, wen Sie meinen. Aber er ist schon seit vielen Monaten nicht mehr hier gewesen. Ich glaube, er ist gestorben.«

»Warum?«, fragte ich entsetzt.

»Viele Fischer haben ihn auf hoher See gesehen, aber dann ist er verschwunden. Und eine Jangada wie die seine soll weit von hier am Strand verlassen aufgefunden worden sein.«

Ich muss blass geworden sein, denn ich fühlte, wie mir bei diesen Neuigkeiten das Blut aus dem Kopf wich. Nach einigen Momenten des Schweigens und Nachdenkens erholte ich mich und fragte weiter: »Aber wer war denn eigentlich jener Alte?«

»Ich weiß nichts Genaues. Er hat niemals gesagt, wie er heißt. Er kam immer nur, bat um das, was er brauchte, bezahlte und ging wieder.«

»Aber der Eigentümer der Hütte, in der er gewohnt hat, der muss doch etwas wissen.«

»Man sagt, dass er ein Arzt war, der sich so lange um Verrückte gekümmert hatte, dass er selbst einer von ihnen wurde. Es soll sogar im Radio, im Fernsehen und in den Zeitungen gekommen sein, aber nie hat jemand nach ihm gefragt, um ihn zu holen, und so hat man ihn dort gelassen, wo er wohnte. Er hat nie jemanden gestört.«

»Gut, ich glaube, ich weiß Bescheid. Vielen Dank. Bis später.«

»Bis später.«

Ich verließ den Dorfladen und ging in traurigen Gedanken nach Hause. Die ganze Nacht konnte ich nicht schlafen und musste an das denken, was geschehen war und was ab jetzt aus meinem Leben werden würde.

Aber als der Morgen graute, waren alle meine Zweifel zerstreut, und ich hatte mich entschieden. Ich nahm das Allernotwendigste und stopfte es in eine kleine Tasche und schwang sie auf den Rücken. Dann schloss ich die Haustür und machte mich auf den Weg.

Einige Zeit später sah ich die bekannte Palme. An ihrem Fuß setzte ich mich und ruhte ein wenig. Dann schlug ich den Weg zur Hütte ein. Als Erstes sammelte ich einige Palmblätter und reparierte das Dach. Dann wischte ich überall Staub und kehrte den Fußboden.

Schließlich kochte ich mir mein Mittagessen, denn alle Utensilien des Alten waren noch da.

Jetzt, nach etlichen Tagen, besitze ich eine Jangada und lerne mit ihr umzugehen. Denn in kurzer Zeit wird mir das Geld ausgehen, und ich muss etwas unternehmen, um mein Auskommen zu sichern.

Im vergangenen Jahr kam ich her auf der Suche nach schriftstellerischer Inspiration, und ich weiß noch, dass ich eine eigenartige Gewissheit verspürte, einen interessanten Stoff zu finden. Tatsächlich schrieb ich einige Geschichten und Gedichte, aber ich hatte immer den Eindruck, dass nichts davon das ausdrückte, was mich wirklich bewegte. Ich fühlte, dass alles viel ferner war, als es sein sollte. Wir erkennen den wahren Wert einer Sache immer erst, wenn sie nicht mehr existiert. Ich brauchte den Tod des Alten, um zu verstehen, dass er das Thema meines Schreibens war.

So setze ich mich jeden Nachmittag in den Schatten dieser Palme, um über die Dialoge zu schreiben, die wir damals führten. Zuweilen ist es bitter hier bei der Palme, und manchmal wünsche ich mir, des Meeres Gewalt möge ihre Wurzeln ausgraben und die Palme mit sich weit forttragen, damit sie mich in meiner Erinnerung nicht mehr traurig machen kann. Seltsam, nicht immer fördert die Zeit das Vergessen. Heute vermisse ich meinen Freund, den Eremiten, mehr als vor einem Jahr, als ich ihn verließ. Ich weiß nicht warum, vielleicht, weil ich vorher glaubte, ihn wiederzufinden, und ich jetzt weiß, dass es nicht sein wird.

Aber was die Palme anbetrifft – hätte es wirklich Bedeutung, ob das Meer sie fällt? Ich kann nicht glauben, dass ihr Sturz die Geschehnisse vergessen ließe. Wir müssen mit den unangenehmen Dingen ebenso leben können wie mit den angenehmen. Denn was immer uns im Laufe eines Tages geschieht, wird Teil unseres Seins.

Ich weiß nicht, wo sich der Alte jetzt befindet, aber ich bin sicher, dass er in irgendeiner Form existiert und an irgendeinem Ort. Wenn ich ihn nicht mehr sehe, so sicherlich deswegen, weil er mir nichts mehr zu sagen hat. Von nun an würde ich mein eigenes Leben führen und, was fehlt, alleine lernen müssen – zum Preis der eigenen Erfahrungen.

Zum Schluss sei gesagt, was ich erlebt habe, war höchst seltsam und höchst lehrreich zugleich. Ich weiß nicht, ob mir Ähnliches noch einmal in meinem Leben widerfahren wird, ich weiß nur, dass nach allem, was ich erlebt habe, mir nur zwei Fragen bleiben:

Von allen Geheimnissen, die uns während des Lebens begegnen, ist unser eigenes Leben nicht das geheimnisvollste?

Und welches von allen belebten Wesen erreichte die Größe des Menschen?